選錯，沒你想的糟！

利用期望與後悔情緒，開展最佳人生版本

選擇的弔詭

THE PARADOX OF CHOICE

BARRY SCHWARTZ 貝瑞・史瓦茲 著

郭曉燕 譯

給默娜，妳是我這輩子所做的最棒的選擇

第一部　面臨選擇時

過去別無選擇，今天是無從選起，因為大腦的演化趕不上選擇的演化。

第二部　抉擇的過程

從兩種「選擇取向」在快樂、自尊、生活滿意度上的關鍵差異，我們會知道如何能選得更好。

CONTENTS

第三部　抉擇的六個難處

現代人照理說更有條件做出好的選擇，結果卻不然。為什麼？從錯失良機、懊悔到比較等六個直覺偏誤，再理性的人也容易受影響。

新版前言

在爆炸選擇裡做時間的主人

在大多數人的世界觀中，都有一套根深蒂固的信念，無形中影響著生活。這套信念基本上是一組「三段論」：

越自由，就越幸福快樂。

選擇越多，就越自由。

所以選擇越多，就越幸福快樂。

不可否認，上面幾句話都正確無誤，對大部分的人來說，自由是最寶貴的東西，自由度越高，生活就越快樂，社會也就越美好。政府如果要限制人民的自由，例如強迫繫安全帶或加入醫療保險，就得證明這些強制措施是合理的。

那麼想提升自由度，具體來說該怎麼做？舉例來說，給民眾擁有隨時可觀看電視的自由，卻被限制只能看某個電視台的節目，像這樣「沒有選擇」的自由是空洞的。所以提升自由度的方式，就是「增加選擇」。何況幾乎每個經濟學家都認為，增加選項通常會讓人過得更好，而不是更糟。喜歡輪流吃玉米片和燕麥片的人，大可忽略架上其他數十種穀物；喜歡收看娛樂體育節目電視網（ESPN）和有線電視新聞網（CNN）的觀眾，就不須轉到其他數以百計的電視頻道，選項變多不會是壞事。當然如果玉米片和燕麥片你都不喜歡，還有很多可以選。所以我們的三段論的結論是：選擇越多，就越幸福快樂。按照這個論點，讓家長自行選擇要把孩子送去哪所學校，並不影響認同公立學校的家長的權益，但是會讓不滿意公立學校的人更快樂。

如果你接受這個有關於自由、選擇、幸福快樂的三段論，就能感受到「生活充斥著各種競爭市場」的魅力——不限於穀物和電視頻道，在醫療保險、教育和處方藥保險的領域也是。其中的思維是：任由商品和服務供應者相互競爭，並允許民眾自由選擇，而不是讓政府支配大家的選擇。在競爭市場中，贏家之所以會勝出，正是因為他們提供了我們想要的東西。

自一九七〇年代以來，社會熱烈擁抱自由市場，認為自由市場是萬靈丹，讓每個人都能夠獲得自己想要的生活，但這樣的社會趨勢卻讓我憂心忡忡。我不相信經濟學家對於「人如何做決定」所提出的假設，市場的主要優點在於滿足了人的選擇自由，問題是，人並不如那些學者所假設的，是完美的「理性選擇者」，我們多多少少都會做出錯誤的決定。此外，我不認為把最重要的選擇交給市場處理會是個好主意，例如讓孩子讀哪所學校、決定在哪裡就業、如何尋求醫療照護並支付費用、如何參與公民生活等。在某些情況下應該抑制市場，而非鼓勵發展。市場並非在所有情況都發揮作用。

一九九四年，我寫了一本書來闡述這些觀點，書名是《生活的代價》（*The Costs of Living*），我在撰寫此書的過程中，開始認真思考無限制的選擇自由的優缺點。早在這之前，有幾位哲學家就曾提出看法：選擇自由固然是好事，但也會過猶不及。然而這些聲音只占少數，大多數社會科學家、政策制定者和一般民眾都接受本文一開始提到的三段論。

一九九九年，心理學家艾恩嘉（Sheena Iyengar）、雷伯（Mark Lepper）發表的一篇論文徹底改變我的生活，本書也會詳加討論。那篇論文包含三項研究，每項研究都表明了，提供廣泛的選擇並不會帶來更多自由，反而讓人無所適從。即便人可以克服決策癱瘓，在大量選項中做出選擇，也會比選項有限時更不滿意自己的決定。在上述那篇論文發表的同時，我受邀為一本著名的心理學期刊撰寫文章，主題是關於個人自主權（individual autonomy）的重要性，於是我又回頭探究自由和選擇的關係，因為這跟自主權有關。我在那篇文章指出，人往往認為更多選擇代表更多自主權，因此會更滿意自己的決定，這樣的想法可能是錯的。

寫完那篇文章不久，很少添購衣服的我去買牛仔褲，對眼前的選擇數量大吃一驚。有這麼多選項任我挑，我終於買到有史以來最合身的牛仔褲，但是卻不滿意。《選擇的弔詭》一書的觀點與啟發正是從這裡開始。

自二〇〇五年本書出版以來，我有許多機會討論這本書，前後進行了一百多場演講，到許多廣播節目和電視台受訪，並且跟非常多報章雜誌的記者交流。我也在TED大型年會上發表演說，觀看次數迄今已破一千七百萬次，觀眾的回饋都很正面，不斷有人表示，我點出了他們某部分的問題根源，許多人也有他們的買牛仔褲故事。

自那時起，我便著手進行相關研究，並且跟同事沃德（Andrew Ward）、柳波莫斯基（Sonja Lyubomirsky）、蒙特羅索（John Monterosso）、懷特（Katherine White）、雷曼（Darrin Lehman）一起探討一種可能性：選擇太多不見得會給每個人造成相同的困擾。如果你總是追求「最好的」——無論是電視節目、穀物、房子、汽車、工作或伴侶，那麼大量選擇就會造成嚴重問題，因為要找到最好的選擇，我們除了檢視所有選項別無其他方法。相對地，如果你要的只是「夠好」就好，那麼選擇太多就不是很嚴重的問題，事實上，也許根本不構成問題，因為人在尋找「夠好」的東西時，只要一找到就會停止搜尋。

我和同事們設計了「最大化量表」（Maximizing Scale），用以區分人在面臨選擇時的兩種傾向：追求「夠好」（稱之為知足者），或追求「最好」（稱為最大化者）。我們發現，人在做選擇時確實有不同的期望：相較於知足者，最大化者在選擇上更為困難，對自己的選擇和生活通常也更不滿意。「最大化」和「知足」之間鮮明的差異，以及量表內容詳見第4章。

我在二〇〇五年得出了結論：一、「選擇」不完全是好事。二、標準過高會造成更多選擇上的問題。《選擇的弔詭》首次出版後的十幾年間，針對前述兩點已累積了大量研究，這些研究讓我確信，雖然選擇過多確實會造成問題，但並非在所有情況都是如此。對某些人來說，關於自由、選擇和幸福快樂的三段論似乎正確無誤，「選擇多」總好過於「選擇少」。儘管近期研究也證實了「最大化」和「知足」之間的差異，但我們仍未完全了解這兩個概念所涵蓋的心理面向。

我盡量不對新版《選擇的弔詭》做大幅更動，本書架構以及關於「選擇的利弊」等論述都和前一版相同，不過書中的討論和最後的〈注釋〉都已納入較新研究及參考文獻。對於已經看過第一版的讀者而言，閱讀新版《選擇的弔詭》更像是重溫舊書，而不是閱讀一本全新的書。儘管有更多研究資料在手，我在二〇〇五年提出的論點依然成立。

我想清楚表明的是，「選擇太多」是個問題，而這樣的問題對富人來說特別嚴重。人擁有的財富越多，選擇也就越多，這幾乎是無庸置疑。在美國，財富理所當然地代表選擇自由，如果你沒有任何「可支配所得」，那麼選擇多寡並不重要，因為它們都不屬於你。同樣的情形也可見於金錢以外的選擇，舉例來說，如果你每天都為了維持生計而工作得精疲力盡，就沒有多餘的時間和心力做出許多改善生活的決定。儘管我在《選擇的弔詭》中描述的問題都真實存在，但大多數人卻樂於讓選擇的問題取代自己眼前的問題。我知道大部分的人都缺乏足夠的自由和選擇，讀者必須留意的是，本書並沒有試圖解釋這樣的差距，而是闡明：當生活擁有更多選擇可能會帶來額外問題。

那麼把大多數決定交由別人來做，我們會更幸福快樂嗎？不會。我的確指出，讓別人替我們做一些決定，生活就會更美好，但前提是：**該把哪些決定權交出去得由我們自己決定**。正如我在本書所述，我們必須「決定何時該做選擇」，並決定何時該把選擇在乎我們的幸福、有足夠的專業知識，能夠為我們做出正確決定的人。以艾恩嘉等人所做的研究為例，她調查了近一千家公司，針對七十五萬多名員工，統計出自願加入「401(k)退休金計畫[1]」的比率，結果發現，雇主每增加十個共同基金選擇，員工加入退休金計畫的比率就下降二%。在許多這樣的公司，選擇不參加的員工不但給自己的退休生活帶來嚴重影響，還失去了雇主相對提撥基金（有時可能高達五千美元）。雇主是出於好意給員工更多的選擇，但這樣做其實是幫倒忙。對大多數員工而言，比起十種、二十種、甚至一百種退休基金，如果只有幾個精心篩選過的可選，他們未來的日子反而會更好過。

若看到這裡你接受本書論點，接下來就會面臨其他問題：該怎麼決定何時，以及如何限制選擇的數量？我們從何決定要排除哪些選項？我們所處的社會，大部分人對於何時該簡化生活、減少選項，以及如何做，都能自己作主。當觸及那些指望「提供更多選項就能夠改善民眾生活」的政策，我們理應抱持懷疑態度。從把退休金投資到什麼地方、讓孩子讀哪所學校，到加入何種醫療保險或處方藥保險等，都能有所選擇，也許會更幸福快樂，但也可能因而過得更糟，因為具備的專業知識不足以做出明智的選擇，或是因為要做太多決定而不堪負荷，增加選擇只會讓我們無法做出任何決定。

有些人為了尋找最好的事物，總是被一個又一個的選擇給絆住，而限制決策數量、只考慮幾個選項，就可以空出更多時間去做重要的事。這些時間還能用來多陪伴家人、父母和孩子，或是認真對待病患、客戶和學生。生活中的真正挑戰其實是社會關係，我們該如何在正直和仁慈、勇氣和謹慎、鼓勵和批評、同理和抽離、家長主義和尊重自主權之間取得適當平衡？這必須視個別情況而定，而要做到這點，唯一方法就是跟重要他人建立關係——花時

1 譯注：美國創立的延後課稅之退休金帳戶計畫，相關規定明定於國稅法第401(k)條中。

間聆聽他們的聲音，從他們的角度想像生活，願意接受他們的影響、甚至被他們改變。在匆忙的世界裡，要做的決定一個接著一個緊接而來，每個決定都涉及幾乎無限的選擇，因此時間變得愈加珍稀。我們努力想買最好的車子，卻可能因此減少跟朋友交心的時間；我們拚命尋找最好的工作，卻可能因此無法成為最好的父母。

當你實踐本書提供的建議，並將得到的時間用來改善你跟重要他人的關係，你和身邊的人都會更加幸福快樂。這樣的轉變即經濟學家口中的帕雷多效率（Pareto efficient），也就是每個人都受益。

序曲

選擇困難是個人問題，還是社會病？

大約二十年前，我走進ＧＡＰ打算買條牛仔褲。我通常會把褲子穿到破到不行才買新的，所以距離上次買褲子已經很久了。一位年輕親切的店員走過來，問我需要什麼。

「我想買一條牛仔褲，大概二十八到三十二腰。」我回答。

「您喜歡的版型是緊身、休閒、寬鬆、直筒還是闊腿褲？要石洗、酸洗、還是刷破款？排釦還是拉鍊？要有復古褪色感嗎？還是一般的就好？」她問道。

我呆住了，過一、兩分鐘才結結巴巴地說：「我只是想要普通的牛仔褲，就是以前市面上唯一的款式，妳應該知道。」結果她並不知道，於是去問另一個老鳥店員，才搞懂什麼是「普通」的牛仔褲，然後告訴我放在哪裡。

問題來了，我現在有這麼多選擇，已經不確定「普通」牛仔褲是否正是我想要的，也許休閒或寬鬆的版型穿起來更舒服？我已經證明了自己完全跟時尚脫節，但還是不放棄，便走到剛才的年輕店員身旁，問她普通跟休閒、寬鬆牛仔褲的差別，她邊指著型錄，邊告知各種版型在剪裁上有何不同，但我還是無法縮小選擇範圍，於是決定全都試穿一遍。

我抱著各種款式的牛仔褲走進試衣間，每件都試穿，並對著鏡子仔細打量，又問店員更多問題。雖然我還是無法決定，卻堅信這堆牛仔褲裡面一定有最適合我的那條。但我拿不定主意，最後只好選休閒牛仔褲，因為如果買「寬鬆牛仔褲」就表示我的腰變粗了，需要遮掩。

雖然最後挑的牛仔褲還不錯，但我突然意識到，只是買條牛仔褲竟然花上一整天，實在太誇張了。店家提供琳瑯滿目的選擇，確實造福不同風格與體型的顧客，但大幅增加選擇範圍之後，也製造了新的問題。以往選擇有限，像我這樣的顧客只能買條不完美的褲子湊合，但五分鐘就可以搞定。現在則是不得不投入更多時間和精力，還陷入自我懷疑、焦慮、擔心害怕。

這個尋常不過的小事凸顯了本書主題的迫切性：無從選擇的生活讓人難以忍受。以我們的消費文化為例，增加的選擇顯然使生活更多元、更能自主與掌控。但是當選擇數量的增幅過大，其負面影響就越加不可忽視，直到不堪重負。這時選擇不再提升自由，而是削弱，甚至對我們造成壓迫。

壓迫？

這說法對應到買牛仔褲等例子顯得誇張，但本書所論述的現象不止於商品選購。我們在生活各個領域所面臨的種種選擇，包括：教育、職業、友誼、性、愛情、養育子女、宗教習俗……等，本書中都會探討。「選擇」的確提升了生活品質，給予我們掌控自己的命運的機會，並且通常能夠獲得自己想要的東西。「選擇」是自主權的要素，而自主權正是幸福的根本，正常人不但渴望主宰自己的生活，也必須這麼做。

話雖如此，**「有選擇」固然是好事，但並不代表越多越好**。接下來我會向各位證明，人終究要為過多的選擇付出代價。一般傾向把自由、自主和多樣化奉為崇高的價值，因此不願意放棄任何選擇的機會，但死死抓住所有選擇不放將會孳生出錯誤的決定，而讓自己陷入焦慮、壓力和不滿的狀態，甚至出現憂鬱症狀。

多年前，著名政治學家柏林（Isaiah Berlin）提出一個開闢性概念，將自由區分為消極自由（negative liberty）和積極自由（positive liberty），並釐清兩者的差異：[1]消極自由是指「擺脫限制」，即不受約束、不受他人指使的自由。積極自由是指「有權利去做某事」，即能夠做自己生活的主人，重視自己的生活，並讓它變得更有意義。這兩種自由經常相輔相成，如果無法「擺脫限制」，自然就無法獲得「做某事的權利」，但它們並非總是一體兩面。

諾貝爾經濟學獎得主、印度思想家沈恩（Amartya Sen）也探討了自由和自主的本質及重要性，以及在何種條件下才會提升自由度和自主權。[2]沈恩在其著作《經濟發展與自由》（*Development as Freedom*）一書中，區分了選擇的「重要性」和其「在生活中扮演的功能角色」，更指出不應該盲目追求選擇自由，而要捫心自問，「眾多選擇」到底是讓我們更豐盛，還是更匱乏？是讓我們更有能動性，還是更束縛？是提升，還是削弱了我們的自尊？是讓我們的社會關係更緊密，還是更疏離？不僅是建立自尊、公民參與、提升能動性、促進個人及群體流動性，還有自我滋養都仰賴自由度多寡，但並非所有選擇都能擴展自由，這點在商品及服務上的眾多選擇更顯而易見——那其實正侵蝕我們的自由，因為它們占據了本應投入到其他事情上的時間和精力。

有越來越多的選擇自由，卻對生活越來越不滿意，這是現代人的通病。本書梳理出箇中原因，並提出改善的建議。

這項議題之所以迫切，是因為許多國家（例如美國）的立國精神是建立在「保障人民的自由和自主權」之上，而選擇自由正是其中的核心價值。然而一旦將「自由」和「選擇」劃上等號，就意味著獲取自由，就非得增加選擇數量，然而事實是這樣做沒好處。我深信一個人學會在重要的事情上做出正確選擇，並且放下無關緊要的事、不再耗費心力，才能獲得最大的自由。

緊扣上述的主軸，本書將依下面順序引領讀者重新看待選擇這件事：

第一部將探討近年來，人面臨的選擇是如何飛快增加。

第二部將討論抉擇的過程，以及做出明智選擇是何等艱辛，尤其對「堅持做出最佳選擇」的人來說更不容易，我把這類人稱為「最大化者」。

第三部是關於「選擇」使人深受其擾的六個原因，並說明為什麼更多選擇，反而讓人更不快樂，我將在第三部描述幾種心理歷程，以解釋為何更多選擇並不會讓人過得更好，這些心理歷程包括：適應、後悔、錯失良機、過度期待、跟他人比較而產生匱乏感。這部分的結論是，過多選擇可能是近年來憂鬱症在許多國家盛行的原因。

最後，第四部提供了一系列建議，幫助各位在這個擁有無限選擇的自由時代，善用其正向部分，同時避免負向影響。

讀者將透過本書，了解心理學家、經濟學家、市場研究學者、決策科學家在選擇和決策上的廣泛研究成果，並獲得重要啟發。其中有些結論不是那麼容易理解，甚至違反直覺，例如本書提到在下列情況下，生活會更美好：

1. 自發性地限制選擇自由，而不是抗拒限制。

2. 「夠好」就好，而不是一味追求最好的選擇。（畢竟天下哪有父母會說：「我只要給孩子『夠好』的東西就好」？）

3. 不要對「選擇的結果」抱太高期待。

4. 做了決定之後不要給自己改變心意的機會。

5. 不要一直關注周遭他人的舉動。

上述結論都跟常識相違，人們普遍認為：選擇越多越好；標準越高，就越可能獲得最佳結果；下決定之後還可以反悔，總好過無後路可退。我想表達的是，這些傳統觀念其實是錯的，至少我們在做決定時，並非選擇越多，最後的結果就會讓我們越滿意。

正如先前所述，我們將檢視「選擇超載」（choice overload）的問題，因為那會影響我們生活中的許多重要領域。為了讓各位理解我所指的「超載」，我將從最底層的需求開始說起。首先，先來買點東西吧。

第一部

面臨選擇時

過去別無選擇，今天是無從選起，
因為大腦的演化沒追上選擇的演化。

第1章　生活總是琳瑯滿目

超市商品：在金錢或時間上吃虧

大約十幾年前，我正要寫《選擇的弔詭》第一版，有天去逛了我家附近的超市，發現貨架上的鹹餅乾有八十五種。我仔細看一下包裝和成分，才知道有分含鈉或不含鈉、零脂肪或有脂肪、散裝或單包裝，而且有些是一般大小、有些適合一口吃，從普通的本地貨到昂貴的舶來品都有。

那家超市並不是特別大，但是除了鹹餅乾，還有兩百八十五種甜餅乾，其中巧克力餅乾有二十一種，小金魚餅乾（我不知道該歸為鹹或甜餅乾）有二十種。

餅乾區對面是飲料區，總共有十三種運動飲料、六十五種兒童盒裝飲料、八十五種果汁，七十五種茶飲和成人飲料。茶飲還可以選擇有無含糖（天然糖或人工甜味劑）、添加檸檬或其他香精。

接下來是其他零食區，總共有九十五種選擇，有蝴蝶餅乾、墨西哥玉米片和洋芋片（又細分為波浪厚切或平切，原味或有調味，有鹽或無鹽，高脂、低脂或無脂）等，其中光是品客洋芋片就有十幾種。旁邊就擺著氣泡水，搭配零食正好解膩，此外還有至少十五種口味的瓶裝水。

藥妝區的貨架上有六十一種助曬油和防曬乳，以及八十種止痛藥，有阿斯匹林、普拿疼、伊普錠，可以選擇三百五十毫克或五百毫克、錠劑或膠囊、有糖衣或無糖衣。還有四十種牙膏，一百五十種口紅，七十五種眼線筆，光一個品牌的指甲油就有九十種顏色。身體乳液有一百一十六種，洗髮精、潤髮乳、髮膠和慕斯共有三百六十種。旁邊則有九十種感冒藥和解鼻塞劑，最後是各種款式的牙線：有蠟或無蠟、有味或無味，以及不同粗細規格。

來到食品區，湯的選擇有兩百三十種，其中雞湯就有二十九種。即食馬鈴薯泥有十六種，即食肉汁有七十五種，義大利麵醬有一百二十種。在一百七十五種沙拉醬中，有十六種「義式」油醋醬，如果都找不到滿意的，還可以從十五種特級初榨橄欖油和四十二種食用醋中任意搭配、調製自己喜歡的口味。穀物一共有兩百七十五種，包括二十四種麥片和七種玉米片。走道對面還擺了六十四種烤肉醬、一百七十五種茶包。

終於走到最後一區，我看到了二十二種冷凍鬆餅。結帳前還會先經過沙拉區，有五十五種生菜、輕食任君挑選。結帳時，店員會問你是否需要紙袋或塑膠袋、要付現還是刷信用卡或簽帳金融卡？

這趟短暫又尋常的超市之旅，只是中產階級消費者面對過於豐富的商品問題的冰山一角，我還省略了新鮮蔬果（又分為全有機、半有機，或使用肥料和農藥的傳統農作物）、生鮮肉品、水產、家禽肉（又分為放養或圈養、帶皮或去皮、整隻或切塊、已調味或無調味、有餡料或無餡料）、冷凍食品、日用紙品、清潔用具……等等。

一間典型超市的商品多達五萬種，有太多東西可以選擇，而且每年新上架的商品超過兩萬種，但大多數都注定要淘汰。[3]

如果凡事都追求最划算，就會讓選擇的難度又更上一層，光買一盒餅乾可能就耗掉半天，因為要考慮價錢、口味、保存期限、脂肪種類、鈉含量和熱量。但很少人有那種閒功夫，這正是為什麼消費者大都購買熟悉的產品，甚至對其他七五％正博取自己注意的商品渾然不覺。若不是正在進行相關研究的教授，有誰會細數架上的商品，然後發現光是甜餅乾就有近三百種可選？

超市通常不會存放太多「非耐用品」（即很快就會用完，需要補充的消耗品），因此我們不會因買餅乾踩雷而懊悔太久、計較金錢損失。但是當在其他商店購買較昂貴、同時較耐用的物品，隨著選擇增加，要承擔的心理風險也會相應增加。

電子產品推陳出新的壞處

走出超市後我前往電器用品店，繼續探索現代人的選擇範圍。我在那家店發現了：

- 四十五種汽車音響，以及五十種可搭配的喇叭。
- 四十二種電腦，大部分都可以提供各種客製化組裝服務。
- 二十七種印表機。
- 一百一十種電視機，有高畫質、平面螢幕、各種尺寸和功能、各種等級的音質。
- 三十種錄影機，五十種光碟播放器。
- 二十種手持攝影機。

●八十五種電話，不包含手機。
●七十四種立體聲收音機，五十五種雷射唱片播放器，三十二種錄音帶播放器（有人曉得它嗎？）、五十種喇叭。這些設備總共可組出的音響系統有六百五十一萬兩千種，而如果你沒有多餘預算並且只想買組好的，也可以從六十三種小型組合音響中挑選。

電子產品跟超市商品的不同之處在於使用時間較長，如果買到不理想的，我們要嘛忍受它，要嘛退回去，然後再經歷一次艱難的選擇。此外，購買電子產品時，也無法依據過往經驗來簡化決策過程，因為音響只會久久買一次，而且科技日新月異，等到需要汰換時也很難購買相同型號或款式。在這樣的風險下，「選擇」便有可能造成嚴重的後果。

商品型錄不請自來？

我和妻子每週都會收到二十幾份商品型錄，有服飾、家庭用品、廚房用具、美食、運動裝備、電腦設備、寢具、衛浴設備、創意禮品……等等，還有一些難以歸類的商品。這些商品型錄會像病毒一樣蔓延，一旦你被列在某本型錄的寄件名單中，很快會收到其他型錄，而只要買了上頭的一樣東西，你的名字也會出現在其他型錄的寄件名單中。光是一個月內，我的桌上就堆了二十五本服飾型錄，翻開其中一本夏季女裝型錄，可以看到：

- 十九款上衣，每款八種顏色。
- 十款短褲，每款八種顏色。
- 八款卡其褲，有六到八種顏色。
- 七款牛仔褲，每款五種顏色。
- 十幾款套裝，每款都有多種顏色。
- 九款內褲，有五到六種顏色。

泳衣的部分，連身泳衣有十五款，兩件式泳衣則包括：

- 七款上衣，每款約五種花色，都可以跟任一款泳褲搭配。
- 五款泳褲，每款約五種花色（因此女性共有八百七十五套「專為自己打造的兩件式泳衣」可選擇）。

線上購物：一鍵飛越國界

現代很少有人在看商品型錄了，但大家還是會收到所有型錄。在本書初版付梓的幾年後，網路購物熱潮開始興起。各位應該知道，實體的陳列商品數有其極限，因此只要新產品一上市，就得將舊產品下架。但在網路商店只須點一下滑鼠，就能買到幾乎任何地方製造的任何型號、款式的產品。我隨意瀏覽了Amazon網站，發現上面運動鞋有四百種（還不包括顏色上的選擇），牙刷有四百種，毛衣五百款，女性牛仔褲兩萬種（男性牛仔褲大約只有一萬兩千五百種）任你選擇。

知識選購

而今天的大學選課系統與服飾品牌的商品型錄並無不同。大多數公、私立大學貫徹「選擇自由」至上的觀念，儼然是知識的購物中心。

一個世紀以前，大學基本上提供的是固定課程，這些課程的主要目的在於培養倫理道德和公民傳統。當時，教育不僅是傳授知識，更要培養具有共同價值觀和抱負的公民。當時大學教育的最後一門課通常是由校長教授，課程內容整合了學生在學期間所接觸的各個領域的知識，更重要的是，這門課會教導學生如何運用大學所學，從個人小我到社會公民，具備道德實踐的素養，並且過著有意義的生活。

但現在情形不同了，以美國為例，大學裡已經沒有固定課程，也沒有硬性規定所有學生都要修同一門課。學校不再教導生活的原則，因為有誰能夠說明何謂有意義的生活？五十年前，我讀大學的時候，所有學生都必須修完將近兩年的通識教育。學校雖然有一些通識課程，但選擇很有限。另外，幾乎每個科系都會為新生開設入門課程，為將來修習該系的專門課程奠定基礎。如果你恰好遇到一個不熟識的同學，你們至少可以聊聊那一年一起上過的必修課。

然而，現代高等教育機構提供了各式各樣「產品」，並允許、甚至鼓勵學生像消費者一樣多比較，直到找到滿意的產品為止。學生可以自由「採購」任何想要的知識，大學則提供學生需要的任何課程。在一些頗負盛名的學校，這種購物中心式的選課概念更是被推到極致。在新學期的前幾週，學生可以試聽各種課程，他們走進一間教室，聽個十分鐘打量教授，然後當教授還在說話就走出教室，跑到另一堂課試聽，進進出出好比在逛百貨公司。學生彷彿是在對教授說：「給你十分鐘展示你的能耐，拿出你最好的表現吧」，甚至把學期初的這段時間形容為「課程選購」。

大約三十年前，哈佛大學的教職人員有感於學生在共同學習經驗上的不足，於是將通識教育確立為「核心課程」，規定學生要在七大領域中各修一門課，有整整將近兩百二十門課可以選：「外國文化」有三十二門課，「歷史研究」有四十四門，「文學與藝術」有五十八門，「道德推理」有十五門，「社會分析」也是十五門，「數量推理」有二十五門，「科學」則有四十四門。你可以試著統計，隨意挑選兩個學生，他們修同一門課的機率是多少？

近年來，哈佛大學又將原有的「核心課程」改為「通識必修課程」，並為學生提供了近兩百門不同學科領域的課程。

在進階的專業課程方面，哈佛大學大約有四十個專業科目，為那些對跨學科知識感興趣的學生提供了近乎無限的雙主修選擇。如果學生依然不滿意，還可以自己打造專屬於個人的學位計畫。

哈佛大學的做法並非特例，普林斯頓大學也提供了三百五十門通識必修課供學生選擇，史丹佛大學由於學生人數更多，課程選擇也更豐富。即使是規模較小的學校，例如我任職的斯沃斯莫爾學院，雖然只有一千三百五十名學生，但也提供了一百二十門通識必修課，讓學生從中任選九門修習。雖然我只列舉出幾所較極端的私人院校，但可別以為如此廣泛的課程選擇只是例外，以賓州州大為例，該校文學院學生可以選擇的專業科目超過四十個，通識教育必修課多達上百門。

增加教育機會確實有不少好處。在過去，學生只能被動接受老師所教授的傳統價值觀和傳統知識體系，這樣的教育方式導致學生被框架限制，也缺乏遠見。學校一直系統化地排除來自不同文化傳統的價值觀、視野和挑戰，直到近年來才予以重視，然而以前較特立獨行的學生，其興趣和喜好往往受到扼殺與打擊。到了現代，每個大學生都可以自由探索任何感興趣的領域，而不受限於老一輩知識分子眼中的重要學問。不過，這樣的學術自由相對也讓人付出代價。

現在的學生必須自行選擇要接受何種教育，這個決定攸關一生，他們卻被迫在智識未完全發展的階段做選擇，可能會因為智慧和經驗不足，而難以明智抉擇。

影音娛樂：選比看還花時間

美國在有線電視出現之前，只有三到六個頻道可以收看。直到出於訊號品質改良而發明的有線電視誕生，陸陸續續增加新頻道。現在的電視頻道普遍超過兩百個（我家的有線電視業者提供了兩百七十個頻道），這還沒計入自選服務所提供的影片數量。如果這還不夠，還有特殊訂閱服務供你跟進美國全地區正在進行的大學美式足球賽。另外，網際網路的發展帶動了串流平台的普及化，因此我們現在可以觀看的影音節目基本上是無限的。

那麼如果想看的兩個節目剛好在同一時段播出，該怎麼辦？數位錄放影機解決了該問題，讓大家在收看某個節目的同時，錄下其他節目。

而內建作業系統的智慧電視盒，等於讓消費者能夠自行打造專屬的電視頻道，只要事先設定裝置，它會篩選出我們想看的節目，並且刪掉廣告、預告、片頭等多餘的片段。智慧電視盒甚至會「打探」我們的喜好，並「推薦」一些沒想過的片單。現在我們隨時都能收看自己想看的影片或節目，而不需要守在電視機前等待播出，不必再去查報紙上的電視節目表，事實上，現在的報紙已經不刊登電視節目表了。無論某部經典老電影何時重播，就算是半夜或凌晨，只要我們想看，隨時都能觀賞。

這麼一來，在現代，看電視可說是「擁有無限選擇」的體驗。等到家家戶戶都有了智慧電視，也許當同事們聚在茶水間閒聊，也很難找到一檔彼此都看過的節目，就如同大一新生之間也很難找到學習上的共同經驗。

小結：選擇增加了，時間變少了

美國人花在購物上的時間可說是世界首屈一指，平均每週逛一次購物中心，比上教堂還頻繁，而且美國的購物中心比中學還多。在一項調查中，九三%的青少女表示最常做的消遣就是逛街，成人女性一般經常購物，而職業女性和大部分男性嫌逛街很麻煩。這份調查近一步讓受訪者按快樂程度，給不同活動排名次，結果「採購食材和日用品」是倒數第二，其他類型的購物活動排在倒數第五，而且近年來，購物樂趣的排名持續下降中。看來，人們花**在購物上的時間雖然變多，卻越來越不享受這個過程。**[4]

上述調查結果讓人有點困惑。花在購物上的時間變多並不奇怪，選擇一多當然會花更多時間考量。但為何購物樂趣卻減低了？還有，既然沒有享受其中，為何不減少花費時間：

不喜歡逛超市的話，就買自己慣用的，忽略其他選項不看。應該是想要仔細查看每一樣商品並且找出自己的精選的人，才會花太多時間逛超市，而對於喜歡「貨比三家不吃虧」的人，選擇應該是越多越好。

上述正是研究「選擇」的社會科學家的標準思路：人類是理性的，那麼「選擇增加」對社會應該有利無弊，在意性價比的人獲益，而不在意的人則不會受影響。十分具有邏輯卻與真實不相符。

這個思路被一系列標題為〈當選擇讓人失去動力〉（*When Choice Is Demotivating*）的開創性研究給推翻了。[5]第一項研究在一處高級社區的精品超市裡進行，那裡經常舉辦新品試吃活動。研究人員擺出一組進口果醬，並提供樣品讓路過的顧客試吃，還告知買一罐果醬就會得到一美元折價券。這項研究測試了人們在兩種情境下的反應，顧客共有二十四款果醬可以選購，但在A情境只有六款果醬提供試吃，而在B情境每一種都可以試吃。結果，B情境試吃攤位較有人氣，但人們在兩種情境下平均試吃的果醬數量卻差不多，不過在購買數量就不同了：A情境中有三〇%客人買了果醬，而在B情境中只有三%的購買率。

第二項研究是在實驗室進行，一群大學生被通知參與市場調查，他們的任務是在眾多高級巧克力中挑選自己想試吃的口味並評分，只要參加就可以選擇現金或等值巧克力作為酬勞。受試者被分成兩組，A組只有六個選項，B組則有三十個。結果顯示A組比B組更滿意自己做出的選擇，且A組選擇巧克力報酬的人數是B組的四倍。

研究者對這個結果有幾種解釋。一是消費者面對太多選擇時，可能會因為太難決定而洩氣，甚至乾脆不買。而買單的人也會因決策複雜使得樂趣打折扣。另外，太多選擇也可能讓人不滿意最後所選的商品，不停回顧已放棄的選項。類似現象，以及更多可能的解釋將在後面提及。而到這裡還沒有回答一開始提出的問題：為何消費者不試著忽略多餘的選項，比如把三十個選項當成只有六個選項就好？

有幾個可能的答案。第一，行銷業者和廣告商千方百計地讓商品出現在我們眼前，讓人無法忽略。第二，我們經常留意周遭他人的舉動，習慣拿別人跟自己比較。如果我在飛機上，看到鄰座乘客用的筆電非常輕薄，而且螢幕又大又清晰，那麼無形中就擴大了我在消費時的選擇範圍，無論我是否想要這樣的產品。第三，我們可能會面臨經濟學家赫希（Fred Hirsch）所說的「小決定的壓迫」[6]，我們跟自己說「再多逛一家店」、「再去另一個購物網站看看」，而不是「我要逛完所有商店」或「我要看遍所有購物網站」，在考慮清單中再增加一個選項總是比較容易，於是一次追加一個，很快就從六個選項變成了三十個選項，而等到檢視完所有商品，回頭看才驚覺，原來已經考慮並放棄過如此多選項。

但我認為最重要的是，如果沒有意識到太多選擇是一種問題，就不會設法忽略過多的選項。我們的文化過度推崇選擇自由，導致「擁有無限選擇」似乎理所當然是件好事。如果消費者在購物過程發生不愉快或困擾，就會責怪店員態度傲慢、交通擁擠、價格高昂、缺貨……等因素，就是不會怪罪給鋪天蓋地的選擇。

不過有些跡象顯示，人們開始對這樣的趨勢不滿。有些書籍雜誌致力於推廣「自願簡單」（voluntary simplicity）生活，其核心概念為，我們有太多選擇，需要做太多決定，卻沒有足夠時間去做真正重要的事。[7]

我們可以預期，當選擇多到某個程度，連最熱切追求選擇自由的人都會忍不住說：「夠了，太多了！」不幸的是，這一天似乎遙遙無期。

下一章將探討其他面向的選擇，這些選擇讓生活變得更加複雜，問題是，生活滿意度是否也隨之提升？

第2章　新選擇是福是禍？

人類意識最基本的功能之一，就是過濾掉無關訊息。如果任何時候都得關注感知到的一切事物，那日子就過不下去了。減少「獲得生活必需品所耗費的時間和精力」，即精簡不同行動的流程和認知歷程，是推動人類進展的要素。人類因此從採集、農耕演進到工商社會。隨著文明進步，大部分人不再需要把全部精力都用在溫飽，有更多時間專研某項技能，憑著一技之長交換物品。製造業者和商人讓生活變得更加便利。直到不久前，只要走進一家雜貨店，就可以買齊食物、衣服和其他日用品，種類雖然不多，但很快就完成。

經歷漫長演進的簡化模式就在這幾十年來產生逆轉，如今我們在生活的幾乎所有面向都必須做許多選擇，而且事情越來越複雜，彷彿又退回到曠日費時的採集生活。

公共服務：知道越多就省越多？

不久前，美國的公共服務都是政府授予的壟斷事業，消費者對於電信或電力公司無從選擇。隨著電信寡頭貝爾系統（Bell System，俗稱「貝爾大媽」）瓦解之後，各家電信業者接連湧現。人們得考量各家資費方案，現在甚至還得挑選市話服務業者，而手機革命又讓選擇的數量倍增。我每個星期平均接到兩通電信業者的電話，他們深怕我錯過更優惠的簡訊或上網服務，此外還有各種電視廣告、數位廣告和平面廣告。選擇電信服務變得更傷腦筋。

同樣的情形也發生在美國的電力服務業，電力公司以更優惠的方案互相角逐，使得顧客得設法在紛雜的資訊做出明智的選擇。

順帶澄清，我沒有反對放寬管制和自由競爭。許多專家提出，電信市場自由化讓消費者得到更便宜、更好的服務。但是電力業就無法論定了，視特定地區的發展程度而異，有些地區不但沒有穩定的服務品質，價格反而還提升。即便電力市場自由化的問題解決了，消費者也因此而受惠，仍不改人們需要花時間在過大的選擇範圍做出決定的事實。

公共事業專家斯梅洛夫（Edward A. Smeloff）如此評論紐約市的電力市場競爭機制：「以前我們相信，由民選官員任命的州監管機構會保障我們的權益，也許是如此，也許不是。而目前的新模式為『自己看著辦』。」真不知這是好消息還是壞消息。根據美國消費研究機構揚克洛威奇公司（Yankelovich Partners）調查，大部分人渴望對自己的生活有更多掌控感，同時也有大部分人希望生活更簡單、輕盈——這就是現代人的矛盾之處。[8]

比方說，許多人雖然樂見電信或電力服務的選擇多樣性，但是卻沒有運用選擇自由，一律續用原本的服務，不會尋找更經濟實惠的方案。

費城在電力市場自由化之後，大約只有一五%消費者改成較優惠的方案。你可能認為那也無妨，多數人只是不想為選擇而苦惱，這未嘗不是明智之舉。但問題是，現在已經沒有州監管機構來為消費者的權益把關，在市場自由化的時代，就算你只是固守原有的消費習慣，到頭來還是可能當冤大頭，用昂貴的價格買到相同或更差的服務。[9]

醫療保險：可以選擇不選嗎

醫療保險非常重要，錯誤的決定可能導致極為嚴重的後果。沒多久以前，大多數美國人只有一種醫療保險可選，通常是由當地藍十字（Blue Cross）或凱薩醫療集團（Kaiser

Permanente）之類的非營利醫療機構所提供，這些業者通常只有少數幾種保險方案。而現在，公司都會向員工提供多種選擇，包括一或多個管理式醫療保險（Health Maintenance Organization）或自選式保險計畫（Preferred Provider Organization），各種保險計畫底下還有許多子選項，例如：免賠額、處方藥保險、牙科保險、眼科保險……等。如果不滿意公司提供的選項，而決定自行購買其他保險，那選擇就更多了。再次強調，我並不是說這些選擇不會帶來好處或從未帶來好處，也許很多人已經從中受惠，但眾多選擇也表示又多了一件需要煩心的事，而民眾必須自行研究各種選擇的優劣，甚至可能鑄下大錯。隨著俗稱「歐巴馬健保」（Obamacare）的《平價醫療法案》（Affordable Care Act）通過，醫療保險系統有了重大變革。《平價醫療法案》「規定」每個美國公民都必須加入醫療保險，但該法案的一個重要部分，是確保消費者在決定購買**何種**保險時有足夠的選擇。而在大多數州，民眾確實有很多選擇。

二〇〇〇年美國總統大選時，小布希（George W. Bush）和高爾（Al Gore）的爭論焦點之一，就是關於醫療保險的選擇。兩方都支持為年長者提供處方藥保險，但在執行做法上產生歧見。高爾提出將處方藥保險納入聯邦醫療保險，並由專家團隊設計單一方案，減輕年長者收集資料、做決定的負擔。小布希則提出，由私人保險公司提供多種藥物計畫，年長者選出最合適的，這麼做理當能給民眾帶來高品質、低價格的服務，他躊躇滿志。結果是前兩項提議的綜合體——聯邦醫療D部分（Medicare Part D），將年長者的處方藥計畫納入聯邦醫療保險，但由私人保險公司制定具體計畫，年長者將在三十到六十個計畫中做選擇。

對競爭市場的信心也許是合理的，但政府無疑是把「做決定」的重擔轉嫁給民眾。醫療保險制度何其複雜，我想我這輩子只遇過一個人完全清楚自己的保險涵蓋哪些部分、不涵蓋哪些部分，也理解保險公司聲明事項的真正意涵。這類決定不但困難，選錯的代價也高，最糟情況是散盡畢生積蓄，最後不得不在食物和藥物之間做選擇，然而避免這個慘況不正是處方藥保險設立的初衷嗎？

退休金方案：缺乏專業知識的窘境

退休金方案同樣讓受雇者傷透腦筋。在傳統的「確定給付」（defined benefit）退休金制度中，雇主會根據退休員工的年資和薪資，發給一筆相應的退休金。但這幾年來，美國有越來越多雇主轉向「確定提撥」（defined contribution）制，雇主和員工各提撥一部分金額進行投資，員工的退休金就取決於投資工具的表現。[10]

確定提撥制代表勞資雙方要做的選擇又增加了。雇主會提供幾個報酬率不同的投資方案，以供員工選擇、決定投入資金的分配，而且每年都可以重新調整。但近年來退休金方案的彈性暴增，不但可以選擇不同風險等級的投資類別，現在每個類別底下還有好幾個投資標的可選。我有個親戚是一家中型會計師事務所的合夥人，該事務所提供了十四種退休金方案，員工可以自由組合搭配。但幾位合夥人覺得這樣還不夠，所以又把選項擴充到一百五十六種，而第一百五十六種方案就是：如果不滿意其他一百五十五種，可以DIY退休金方案。

增加退休金方案看起來對員工是有利的。他們過去只能A基金和B基金之間做選擇，現在增加了C基金和D基金，大可無視新選項。新增的兩種會吸引一些人，但其他人不會因忽略它們而有嚴重損失。問題是，當基金超過五千檔，我們怎麼知道哪一個最適合自己？該如何決定？當雇主只跟少數幾家基金公司合作，就可以仰賴金融專家的判斷，挑選對員工最有利的基金。這表示對員工而言，雇主像政府一樣，得以確保他們不做出錯誤決定，而隨著選擇增加，雇主要負的監督責任也加重了。

同時，選擇增加也微妙地改變了雇主對員工的責任。當保障退休金的方式只有少數幾種可選，就凸顯出雇主得為品質負責。而當雇主努力提供許多方案，就顯得他們已經善盡責任，至於如何做出明智的決定，那是員工的事。

人究竟是如何在眾多退休金方案中做選擇？根據研究，人在面對大量選擇時，通常會將退休金平均分配，比如有兩個選項就以各半來分配，有四個選項，就各投資二五%。這表示員工做的決定是否明智，完全取決於雇主提供的選項。例如一位雇主提供一支保守的基金，和五支高風險、高報酬基金（理由是：保守的基金都大同小異，不過員工可以自行選擇要承擔的風險），該公司的員工可能就在這六支基金各投資六分之一，而對自己決定的高風險渾然不覺——把八三%的錢跟股市波動綁在一起。本書第一章提過的心理學家艾恩嘉，她和同事發現，人在面對眾多退休投資選擇時，除了會做出錯誤決定，還有很高的機率「乾脆不做任何決定」。換句話說，過量選擇無助於員工做出滿意的投資，反而讓他們束手無策。

「這太複雜了，我下週再決定」，但是到了下週，事情沒有變簡單，生活還是一樣忙碌。[11]

有人會說，員工連退休金這麼重要的事都漠不關心，就算損失也是自己活該，而雇主已經盡了責任了。這個觀點並沒有錯，但我想提醒，選擇退休金方案只是許多重要決定之一，而且大多數人自知所具備的專業知識不足以獨力抉擇。我們再次看到，新的選擇迫使個人做更多功課，並且必須為錯誤的決定扛起更多責任。

醫療照護，你選自主還是自保

幾週前，我太太去找一位新醫生做定期健檢。結果都正常，但她在回家途中為檢測流程的草率而感到不安：沒有抽血檢查，也沒有乳房觸診，醫生只有聽一下心跳聲、量了血壓，安排乳房攝影檢查，接著問她有沒有哪裡不舒服，僅此而已。我太太於是打電話給醫院，表明自己要做例行健康檢查，確認傳達過程沒有誤會。醫院行政經理在聽完她描述之後對她解釋，該醫生是依照病人意願來安排檢查，所以除了幾個常規項目，並沒有一套固定檢查流程，病人必須主動提出，醫生才會安排其他檢查。行政經理為沒有事先明確告知那位醫生的做法對我太太道歉，並建議她再約回門診，跟醫生重新溝通她想做哪些檢查。

這讓我太太非常驚訝，沒想到看醫生（至少那位醫生）竟然跟找髮型師一樣，客戶（病人）必須讓專業人士知道自己每次前來的需求，一切都要自己作主。

醫療責任就這樣沉重地落在病人身上。我並不是指「選擇醫生」，我們一直都有選擇醫生的權利（也許窮人除外），而且在「管理式醫療」（managed care）制度下，我們的選擇肯定比以前更少。我說的醫療責任是指「決定醫生該做什麼」。醫療實務的趨勢已經轉變，以往醫生無所不知、無所不能，總是權威地告知病人該做哪些處置，或根據自己的判斷直接執行，現在醫生則是列出各種可能的治療方式並一一分析利弊，給病人決定。針對這樣的情形，外科醫師兼雜誌《紐約客》專欄作家的葛文德（Atul Gawande）如此貼切地描述：

十幾年前，一切還是由醫生作主，病人只能乖乖聽話。醫生從不詢問病人的需求或考量，而且經常隱瞞訊息，有時甚至是重要訊息，例如病人正在服用何種藥物、接受何種治療、診斷結果……等等。病人不准查看自己的病歷，因為醫生說那不是病人的財產。病人被當成小孩，他們太脆弱、太無知，承受不了真相，更別說做決定。病人卻為此苦不堪言。[12]

病人的痛苦來自某些醫生的傲慢和粗魯，此外，做出正確行動有時不只涉及醫療決定，還要考量病人生活的其他面向，例如家人和朋友，在這樣的情況下，病人理應自己作主。

根據葛文德的說法[13]，醫生和醫療倫理學者卡茲（Jay Katz）在一九八四年出版的《醫師與病人間的沉默世界》（*The Silent World of Doctor and Patient*）一書，引發了醫療實務上的改革，進而造就今日的局面。葛文德承認，給予病人醫療自主權能大幅提升病人獲得的醫療服務品質，然而他認為，責任的轉移已經有點過頭[14]：

社會掀起「病人自主權」新浪潮，卻不願承認一件尷尬的事實：病人通常不想被賦予這樣的自由。他們雖然很高興自主權被尊重，但行使病人自主權也意味著有權力放棄它。

葛文德接著描述自己經歷過的緊急醫療事件，他剛出生的女兒有一天突然停止呼吸，他跟妻子拚命搖晃女兒，才讓她恢復呼吸。後來他們立刻將女兒送到醫院，但她的呼吸還是很吃力，當他被問到是否要讓女兒插管，他卻希望醫生——一個陌生人為他做這個決定：

這種未知太殘酷了，我完全無法承擔犯錯的風險。就算我有把握我為女兒做的決定是對的，但萬一出了差錯，我一輩子都不會原諒自己……我需要醫生來承擔責任，因為不論結果是好是壞，他們都經受得住。

葛文德進一步指出，研究顯示，病人通常需要其他人替自己做決定。雖然多達六五%的健康受訪者表示萬一罹癌，希望由自己決定治療方式，然而只有一二%的**實際**罹癌者，想要自己決定。葛文德認為，病人真正想要的，其實是醫生具備專業能力和親切仁慈的態度，親切仁慈當然也包括「尊重病人的自主權，但不把自主權本身視為不可侵犯的絕對權利」。

對病人來說，能選擇治療方式固然值得高興，但同時也造成負擔，而這一重擔主要落在女性身上，因為女性不僅要照看自己，通常還得守護家人的健康。美國國家婦女健康網（National Women's Health Network）專案主任艾莉娜（Amy Allina）表示：「對女性和一般消費者來說，要收集相關醫藥資訊並做出決定，是非常艱鉅的任務。」難處不僅是民眾必須自己做決定，還有資訊來源非常龐大，包含從醫生建議的選項、百科全書般的大眾健康指南、健康雜誌，到最廣大無邊的網路資源。做醫療決定的壓力堪比繳交期末報告，但要背負的風險遠不僅於此。[15]

此外，除了主流醫療資源，患者還有非正統療法可選：從草本療法、維生素療法、飲食療法、針灸、到磁性治療手環等無所不包。一九九七年，美國人花在非正統療法上的金額高達兩百七十億美元，療效大都未經證實，但這些另類療法的地位如今卻被更多人加入選項。[16]可想而知高風險的醫療決策，相較於二十年前，變成了無比沉重的負擔。[17]

醫療決策的責任轉移到病人的跡象自一九九七年轉為明顯，當時美國放寬對處方藥廣告的限制後，這類廣告就如海嘯般席捲而來。想想看，藥廠為何要砸大錢在黃金時段播出廣告，有抗鬱劑、消炎藥、抗過敏藥、減肥藥，還有治療潰瘍或性功能障礙的藥物等應有盡有。其中大多是民眾必須持有醫生開立的處方箋，才能購買的，那麼藥廠為何要向大眾宣傳這些處方藥？顯然是刻意要讓消費者注意到這些產品，進而要求醫生開立處方箋。現在的醫生只不過是執行病人醫療決定的工具罷了。[18]

外貌不再由上天決定

如果可以選擇，你想要擁有什麼樣的外表？現代整型美容手術給予人們改變自己的身材和樣貌的機會。根據二〇一四年的統計，美國進行了超過一千五百萬例整型美容手術，其中有二十一萬例抽脂手術、二十八萬五千例隆乳手術、二十萬七千例雙眼皮手術、十二萬八千例拉皮手術、二十一萬七千例隆鼻手術、六百七十萬例注射肉毒桿菌。雖然接受整型美容手術的以女性居多（九二％），但也不乏男性。美國整型外科醫學會（American Society of Plastic Surgeons）的發言人表示：「整型手術就如同做指甲或精油按摩。」也有人對整型的看法是，在身上動刀就跟「穿一件漂亮的毛衣、梳梳頭髮、做美甲或曬出健康的膚色」沒兩樣。整型從茶餘飯後的八卦主題變成改變外貌的普遍方式。這表示外貌成為一種選擇問題，而人們必須為這個決定負責。正如記者卡米娜（Wendy Kaminer）所言：「在以前的時代，美貌是上天賜予少數人的禮物，令人欽羨。如今，美貌是一種成就，而長相平庸不僅是一種不幸，更是象徵了失敗。」[19]

工作型態：游牧的代價

自古以來，美國向來以其「高社會流動性」為傲。美國高中生有三分之二選擇升大學，進而打開各種就業機會的大門。美國人的工作選擇不受限於父母的職業類型，或是生長城市提供的工作機會。當然，並非**每個人**都能獲得良好的職業前景和平等的就業機會，各人的選擇視家庭財務狀況、國家景氣等而有不同，但比起以前已經好太多了。

出社會的選擇又更多了。通訊革命改變工作模式，許多行業都能異地辦公。公司行號也漸漸（雖然不太情願）接受讓員工居家上班，少了外在事物干擾和不必要的監督而能提高生產力。二〇一二年「遠距工作」的人數較二〇〇五年成長八〇%之多。然而時間與地點的解放，也產生相應的大量決定：現在要不要工作？既然用手機就能收信，那睡前要不要確認一下？度假時要不要也把筆電帶去？為了利用零碎時間，要不要設定辦公室電話自動轉接到手機？隨時隨地都可以工作，代表我們無時無刻不思考「現在要不要工作」。

除了這個問題，「該不該換工作」似乎也是許多人每天都在考慮的問題。美國人在三十二歲時平均待過九家公司。[20]幾年前，《美國新聞與世界報導》（*U.S. News & World Report*）的一篇文章指出，美國勞動力流動性日益增加，且估計在一九九九年約有一千七百萬人自願轉職，主要理由有：更好的待遇及前景、換地方生活，還有對現職感到厭煩。

確實，在同一家公司待五年不再被視為忠誠，而更可能意味著缺乏競爭力或野心，至少在景氣好、人力需求增加的時期是如此。雖然在經濟形勢不佳時，例如近幾年，轉職人數顯然遠低於一九九九年，但人們仍然持續觀望其他工作機會。

什麼時候會想換新工作？答案似乎是：到職日當天。這意味著「該去哪裡工作？」「該找什麼類型的工作？」這兩個問題占據人們的腦袋，隨時偵測新的、更好的工作機會，心定不下來。看來，微軟著名的廣告詞「你今天想去哪裡？」不光是指瀏覽網頁而已。

工作流動性提供了很多機會，不管是工作環境、老闆、跑道，我們都可以自由選擇，拓展自我挑戰、實現個人抱負的可能。相應的代價隨之而來：每天都要收集訊息和做決定。背負著這樣的重擔，讓人永遠無法放鬆地享受已經取得的成就，隨時繃緊神經盯著自己可能錯過的大好機會。

除了何時工作、做什麼工作，連上班時的穿著也構成另一種選擇焦慮。[21]十幾年前，在美國開始有公司推行「便服日」或「休閒日」，讓員工有幾天能穿休閒服飾上班，相信不但省下治裝費，辦公室的氛圍也更放鬆。然而這做法帶來反效果，員工不僅要備好正式西裝或套裝，還得添購「適合職場的休閒服」，那絕不會是週末穿的汗衫或T恤，必須營造出休閒又得體的形象。這下子選擇範圍從穿藍色或棕色西裝、要繫紅色或黃色領帶，擴大到：怎樣才算「休閒」？作家西布魯克（John Seabrook）曾在《紐約客》發表一篇關於便服日的評論，他指出休閒服至少分成六種：活潑休閒、戶外休閒、運動休閒、正裝休閒、時髦休閒、商務休閒。正如西布魯克所言，「也許在便服日運動中最令人沮喪的是，再也沒有真正休閒的衣服了」。選擇上班穿著的自由，對許多人來說，帶來的麻煩比好處還多。

愛情，有玩沒完！

我有一個數十年來都保持聯繫的學生，姑且叫他約瑟夫，他畢業後繼續攻讀博士學位，並在一所著名大學擔任研究員。幾年前，約瑟夫跟一名研究生（就叫她珍）談戀愛，他信誓旦旦地對我說「我終於找到幸福了」，大家都衷心祝福這段感情。

約瑟夫的工作漸漸步上軌道，也找到共度一生的伴侶，看來他已經完成了兩項人生中的重要決定。不過，接下來還有一連串傷腦筋的選擇在等著他們。首先，兩人必須決定是否要同居，在他們看來，分開各自生活、或相互依賴都有優點，他們接著分析同居的實際好處（方便、省錢），以及壞處（得說服雙方父母）。一段時間後，他們得決定何時結婚以及結婚的細節，要不要等到彼此的工作都更穩定再說？要不要依循宗教儀式舉行婚禮？如果要，是依循男方還是女方的？在婚姻大事之後還有財產要合併／分別的問題懸而未決，如果選擇後者，那共同的開銷要怎麼分攤？

隨之而來的問題是：要不要生小孩？當然要，他們很快做了這個決定。那該何時生才好？既要跟生理時鐘賽跑，還要顧及博士學位的要求，也得考量未來就業環境的不穩定性。而且宗教問題依然存在，要不要培養孩子的宗教信仰？如果要，那該跟隨男方或女方的信仰？

接下來會浮現一連串關於工作的選擇，是否應該各自尋找最好的職涯發展機會，並接受分隔兩地的可能性？如果不想這麼做，那應該以誰的事業為重？工作地點應該更接近夫家（西岸），還是娘家（東岸）？或者完全不要考慮地點，只要兩人都能在同一座城市找到最好的工作即可？這些決定都非同小可，對約瑟夫和珍來說，要一一面對和解決真的很不容易。他們以為，兩人從相遇相戀到互許終身已經是無比艱難的決定，難道這還不夠？

長久以來，我們其實一直都在面對人生的各種選擇，只是以前「預設」選項深植在大家腦海，因此很少有人意識到自己正在做選擇。「跟誰結婚」是一種選擇，但大家都心裡有數，年紀到了就要盡快結婚生子，因為這是常態，如果違反社會期待、沒實現既定的人生時間表，就會被視為異類，還得忍受別人的閒言閒語和猜疑。不過這幾年觀念漸漸開放，大部分人都不會對別人的戀情指指點點，到處可見任何形式的戀愛關係。雖然在某些地方，非典型伴侶關係仍然飽受譴責，甚至殘忍對待，不過整體上，大家越來越包容多樣化的關係形式和人生選擇。電視節目稱不上走在社會潮流尖端，但即使如此，我們還是可以在電視上看到已婚者、未婚者、再婚者、異性戀、同性戀、頂客族、多子家庭……等不同背景和經歷的人物盡力帶給大家歡笑。今日，各種親密關係不再受到限制，各種選擇都會被尊重，這是另一種自由度的爆發，然而這方面的選擇也占據了我們的思緒，讓我們更加焦慮。幾年前，喜劇演員安薩里（Aziz Ansari）出版了《救救我的羅曼史》（*Modern Romance*）一書，幽默而針針見血地描繪出網路時代的約會文化，書中結合了諷刺的觀察、焦點團體訪談和實地調查，道出現代人花更多時間在尋覓靈魂伴侶，潛在交往對象數量較以前大幅增加，好處雖然顯而易見，但也存在著隱患。[22]當交友軟體或約會網站上有可能出現更好的對象，要怎麼知道何時該認真投入一段關係中？這樣的承諾焦慮無所不在，「FOMO—錯失恐懼」已是大家耳熟能詳的一詞，甚至被收錄在《牛津英語詞典》中。

不要對宗教忠誠，要忠於自己

儘管大部分美國人看似過著完全世俗化的生活，不過整體上，美國是宗教色彩非常濃厚的國家。一項蓋洛普於十幾年前針對美國人所做的調查顯示，有九六%相信「上帝或宇宙靈性」的存在，有八七%表示宗教在其生活中占據重要地位。[23]雖然當中只有一小部分經常參與宗教活動，但美國無疑是一個有信仰的國家，不過是信什麼呢？

宗教信仰大都是承襲父母，但還是可以依自己「風格」來自由選擇，因為宗教教義不是強制性「命令」，而是「建議」，不須強迫自己接受。宗教給予人類「選擇能滿足個人需求和期待的社群」的機會，提供精神支持、凝聚志同道合的夥伴，以及人們面臨生活困擾時的指引。於是，宗教變成一種自由市場，提供慰藉、寧靜、靈性和道德思考，而我們這些「宗教消費者」則在市場裡四處尋覓，挑選最中意的信仰。

要反映宗教信仰帶給許多人的期望，並捕捉個人選擇和自我滿足在我們文化中的支配地位，我認為沒有比「消費市場」更加貼切的描述了。人不管是信教或積極參與宗教活動，都抱持著自己的需求、喜好和渴望。關於人們在宗教信仰上的態度轉變，社會學家沃夫（Alan Wolfe）在著作《道德自由》（*Moral Freedom*）有所探討，他在美國各地對形形色色的人進行深度訪談，結果幾乎所有受訪者都認為，每個個體都有責任確定自己的價值觀，並做出自己的道德判斷。[24]

在某些人的經驗中，宗教沒有帶來慰藉、指引或支持，而是壓迫，因此擁有「選擇宗教的自由」絕對是值得慶幸的事。他們可以選擇最符合自己價值觀的教派，再挑選最能體現這種觀點的宗教團體，也可以只認同部分宗教活動以及教義，甚至包括保守教派——說來矛盾，這類教派對他們的吸引力在於，其限制了人們在其他生活面向的選擇。宗教自由有兩面影響：讓每個人都能夠參與符合自己生活方式、價值觀和目標的宗教活動，同時，眾多選擇包含決定加入哪個團體、遵循哪些教義……叫人容易迷失其中。

選擇成為什麼樣的人

有一種自由是在過去所沒有的：選擇自己的身分。以前，我們在出生就帶著祖先的印記，包含種族、民族、國籍、宗教、社會地位、經濟階層……綜合構成了「我是誰」，然而到了現在，這些印記在構成個人身分的要素中占比變輕了。現代人有更多機會改變世襲的社經地位，脫離出生時被賦予的宗教，可以選擇否定或接納自己的民族傳統，也可以選擇要不要公開自己的國籍。甚至連種族（美國歷史上最大的傷痛）也不再是世代不變的特徵，隨著異族通婚越來越普遍，有越來越多不同膚色和身體特徵的混血兒，如今種族身分不再是外在可辨。再加上社會越來越開放包容，個人的內在自我認同也獲得更彈性的空間。此外，大多數人都擁有多重身分，因此可以隨著不同場合切換不同角色，比方說，一名墨西哥的年輕女性到紐約就讀大學，在當代文學課上參與小說討論時，可能會隨著討論進展，而採取拉丁裔、墨西哥人、女性、移民或年輕人的立場表達自己的觀點。就如同我在工作崗位上可以是猶太裔美國人，而在猶太會堂時又可以是美籍猶太人。身分不再跟以前一樣透過「繼承」確立，而是更受到個人主觀的形塑。[25]

經濟學家沈恩指出，人一直都有選擇身分的權利，一直都能夠拒絕他人強加在自己身上的某種身分，即使後果不堪設想。[26]不過就跟婚姻方面的選擇一樣，在過去，文化傳統和社會期待決定了個人身分的預設選項，因此人們多半沒意識到自己有選擇權，但是到了現在，個人在自我認同上有更明確的自由和主導權。如同其他面向的選擇，「自由選擇身分」有好有壞，好處是個人不再受到壓迫，壞處是自己必須承擔選擇的後果。

小結：選擇壓力會加乘

小說家和存在主義哲學家卡繆（Albert Camus）曾說：「我應該斃了自己，還是來杯咖啡？」他要表達的是：生活中的一切都是選擇。我們每分每秒都在做選擇，永遠都有其他選項，生命（至少人類的）就是由一連串選擇組成。[27]如果真是如此，那麼如第1、2章所述，我們正面臨前所未有的眾多選擇和決定，這意味著什麼？

每天早上我們醒來後都做了哪些事？從床鋪起身，睡眼惺忪地走進浴室，接著刷牙、沖澡，這樣還不夠具體，還可細分為：從牙刷架拿起牙刷、轉開牙膏蓋、在牙刷擠上牙膏……等步驟。人們從早起就開始做無數的選擇，你也可以不刷牙，不沖澡，甚至不穿內衣。

在半睡半醒間喝下這天的第一杯咖啡之前，我們已經做了十幾個選擇，雖然這些行為其實稱不上選擇，但你也可以做些別的，只是從來沒想過。

在上班日這些早晨活動已成為習慣，因此你不會意識到你有選擇自由、可以不做這些。然而一到週末就不一樣了，你可能會躺在床上考慮要先爬起來沖個澡、還是繼續賴床、要不要刮鬍子，這些選擇就浮現在腦中。到工作日這些步驟則已自動化。

這種自動化模式的好處在於，減輕每次權衡與決定的負荷總和。以前幾乎是別無選擇，然而選擇在現代人的生活中，已愈加明確且重要，可以說**我們現在面對的是有史以來最龐大的選擇壓力**。

只要是在意或相當了解的生活面向，一旦選擇自由受到威脅，我們就會異常憤怒。如果問我們是否想要自己做選擇，答案幾乎都是肯定的。然而我認為，正是這些額外選擇的累積效應讓人付出慘痛代價，如同第1章提到的，我們逐漸陷入赫希所指的「小決定的壓迫」[28]：當我們面臨各種生活領域中的新選擇，實際上往往是接受，而不是通盤考慮並由自己做出選擇，最後因為無法駕馭所有選擇而感到疲憊無力。

在接下來的章節中，我們將開始探討如何減輕選擇的負擔，進而減少由此產生的壓力和不滿。

第二部 抉擇的過程

第3章　決定與抉擇，一點都不簡單

第4章　當你只要最好的

從兩種「選擇取向」在快樂、自尊、生活滿意度上的關鍵差異，我們會知道如何能選得更好。

第3章　決定與抉擇，一點都不簡單

做出正確選擇是件困難的事，而且在決定之前，通常必須考量好幾個面向。[29]租房子要考慮地點、空間大小、屋況、安全性和租金。買車時要留意安全性、可靠度、油耗表現、款式和價格。找工作時會衡量薪水、地點、升遷機會、同事以及工作內容。

明智的決策過程通常包含下列步驟：

1. 確認目標（一或多個）。
2. 評估每個目標的重要性。
3. 列出可能的選項。
4. 評估每個選項實現目標的可能性。

5. 選出最佳選項。

6. 根據最後選擇的結果修正目標以及優先排序，做為未來選擇的參考。

舉個例，假如你搬進租屋處之後，發現購物和交通便利性比當初想像的更重要，空間大小反而沒那麼重要，下次租房子時就會重新衡量這幾個面向。

當只有幾個選項要完成上述步驟就不容易，更何況選項增加，這就是「選擇」之所以從好事變成負擔的原因，也正因如此，我們才無法有效率地做決定。

釐清目標

設定目標和做決定之前，必須先問自己「我要的是什麼？」這問題看似簡單，卻無法靠外界的豐富資訊獲得解答，我們得跟自己的內心對話。

基本上，知道自己想要什麼，就表示能夠準確預測未來感受，但這可不簡單。[30]

每一次用餐、聽音樂、看電影的體驗要嘛愉快、要嘛不愉快，這些經歷帶給人的感受

（無論好壞），就是所謂的「體驗效用」（experienced utility）。不過在實際擁有特定體驗之前，必須先做選擇，像是挑一間餐廳、一張唱片、一部電影，這時選擇的依據是**當事人對這些體驗的期望**，也就是「期望效用」（expected utility）。一旦體驗過任一個，未來的選擇就會基於**當事人對過去經驗的記憶**，換句話說，就是「記憶效用」（remembered utility）。因此，知道自己想要什麼表示這三種效用是一致的，亦即體驗效用符合期望效用，而且記憶效用如實地反映了體驗效用。問題是，這三種效用通常不會完全吻合。

諾貝爾經濟學獎得主、心理學家康納曼（Daniel Kahneman）和同事發現，記憶中的過去體驗是否愉悅，幾乎完全取決於兩項因素：一、該體驗在高峰時（最好或最差的部分）的感受。二、結束時的感受。[31]這就是著名的「峰終定律」（peak-end rule），我們運用該原則來總結自己的體驗，日後便依據這個結論來提醒自己該體驗的感受，並依此做選擇。而像是體驗過程中愉快和不愉快的比例、持續時間……等其他因素，對記憶的影響微乎其微。

上述現象看一個例子就能明白了。在一項實驗中，受試者被要求聽兩段刺耳的噪音，第一段噪音持續八秒鐘，第二段持續十六秒鐘——前八秒跟第一段完全一樣，後八秒雖然還是很刺耳，但略為溫和。然後，受試者被告知他們必須選一段重聽。結果出乎意料：他們大都選痛苦時間加倍的第二段噪音，而非相對不那麼糟糕的第一段，怎麼回事？因為雖然兩段噪音有相同的厭惡高峰，但第二段的結尾沒那麼不舒服，所以在記憶中反而沒那麼糟糕。

再從另一個有趣的研究理解峰終定律，研究者找來一群接受大腸鏡檢查的病人，請他們分別在檢查過程和結束時自評痛苦程度。[32]在無痛大腸鏡（在檢查時進行全身麻醉）尚未出世的當時，該檢查的過程是醫生用一根末端附有微型攝影機的軟管（內視鏡）插進病人直腸，然後四處移動管子，觀察胃腸道系統是否有病變，由於很不舒服，有些病人寧願延誤治療也不願接受例行檢查。

研究者將病人分成兩組，第一組接受標準大腸鏡檢查，第二組接受的是升級版檢查：醫生做完標準檢查之後沒有馬上把內視鏡取出，而是靜置在病人體內二十秒，這一小段時間也很不舒服，但因為內視鏡沒有四處移動而稍微好一點。（請注意，兩組病人都有實際醫療需求，並非為了配合實驗要求才進行大腸鏡檢查。）因此，第二組比第一組多承受了二十秒較輕微的不適，**病人在檢查過程的描述也是如此**。然而檢查結束後，第二組病人的主觀痛苦程度卻低於第一組。而兩組的不同在於該段體驗的尾聲。

也就是說，結尾時的體驗會大幅影響對感受的記憶，在五年後的追蹤調查中，同一群受試者被問及再次做大腸鏡的意願，結果：第二組病人比第一組病人的意願更高，因為他們記憶中的體驗沒那麼痛苦，所以日後比較不排斥相同的檢查。

同樣，我們的正向體驗也是基於某件事在高峰以及結束時的愉悅程度。因此回想起來，為期一週的假期也許會比長達三週的假期更美好，因為前者不但過程愉悅，結尾也很精彩，而後者雖然同樣有一些歡樂時光，但旅程結束時有點不愉快。多享受兩週日光浴、風景或美食，並不會讓假期變得更美好，因為這些記憶會隨著時間而逐漸消退。[33]

那麼，人到底有多了解自己想要什麼？難道真的寧願在經歷強烈痛苦之後繼續承受輕微痛苦，而不願結束在強烈痛苦就好？只有一週的美好假期，怎麼可能勝過一週美好假期再加兩週還不錯的假期？但人們卻說那就是他們想要的。**邏輯和記憶之間的差距透露出，人並不總是知道自己要的是什麼。**

另一項研究也證明了人缺乏自我認識。[34]受試者是一群大學生，每週都要上一堂三小時的專題討論課，中間有一次休息時間，大家可以起來活動筋骨、上洗手間，或讓頭腦清醒一下、吃個點心。研究者將學生分成兩組，並讓學生挑選零食，第一組必須預先選好接下來三週要吃的零食，第二組則是每週挑選當週要吃的零食。結果，第一組學生為了避免吃膩，便預先選了各式各樣的零食，第二組學生則傾向每週都選同一款零食。

這兩組學生面對的是完全不同的任務，第二組學生只需要問自己現在想吃什麼，第一組學生必須**預測**自己未來兩、三週想吃什麼，不過他們的預測失準了，因為他們剛吃完一袋蝴蝶餅後對同樣的零食興趣缺缺，便誤以為自己下一週也不想吃蝴蝶餅。

一週只採買一次食物的人也會做出同樣的錯誤預測，他們不會多買幾包自己最喜歡的泡麵和餅乾，而是買了各式各樣不同口味、品牌的泡麵和餅乾後，才後悔地發現自己的預測失準，因為其他零食吃起來都沒有自己最愛的那一款美味。一項研究模擬了上述採買情境，將受試者分成兩組，並提供八類食物供他們挑選。第一組受試者要在八類食物中各買一樣今天要吃的食物，完成之後再採買第二天要吃的食物，接著是第三天的食物……以此類推。第二組受試者必須一口氣買齊三天要吃的食物，也就是在八類食物中各選三樣。結果第二組在各類食物中挑選的品項都比第一組更多樣化，錯誤地預測自己每天都想吃不同的東西。

這麼看來，無論是預測未來感受，或是回憶過往感受，都無法準確反映事件發生當下的真正感受。然而，正是對過去的記憶和對未來的預期主導著我們的選擇。

人如果要做出明智的決定得先確定目標，這在選擇龐雜的現代是何其困難，導致我們對自己的選擇感到失望。

取得可用資訊

做出好決定還不能少做一個任務，就是收集資訊並評估各個選項。收集資訊的管道很多，例如回想自己的過去經驗、請教他人的經驗或專業意見、跟朋友討論，或是翻閱消費、理財、生活雜誌，也可以聽取銷售人員的建議，或是上網搜尋資料。[35]不過獲取資訊的主要來源是廣告，即使在網際網路時代之前，美國人平均每天看到的廣告仍有三千支，正如廣告學教授堆徹爾（James Twitchell）所言，「廣告是我們認識周遭世界的方式」。[36]

所以人不需要憑一己之力做選擇，只要搞清楚自己要的是什麼，就可以運用各種資源以評估既有選項。前提是這些資訊是可靠的，也必須有時間瀏覽所有可得訊息。一天三千支廣告，代表在我們醒著時每小時會看到兩百支廣告，每分鐘超過三支廣告，根本不可能仔細篩選和考慮廣告的內容。

資訊的質與量

為了因應越來越多的廣告，現在情境喜劇的長度大約比上個世代縮減了四分鐘。除此之外，有線電視和眾多頻道的出現也造就了「資訊型廣告」，即包裝成一般節目的廣告。報章雜誌越來越厚，其中只有少數版面是用在真正的內容；製片人在電影中「置入」品牌產品，並收取巨額廣告費；越來越多體育館以贊助商命名，這些廠商每年都要支付數百萬美元的冠名費用；每輛賽車上都印有贊助品牌的商標，運動員身上的運動服也是如此；甚至連公共電視台也開始在節目的開頭和結尾播放廣告，雖然是採取公益廣告的形式，但仍試圖傳達特定商業訊息。

不幸的是，這些廣告的目的都不是為消費者提供實用的決策訊息，而是為了行銷。堆徹爾認為，在一九三〇年代，菸草業者掌握了廣告行銷的重點，並塑造了現代的廣告模式。菸草業者所做的市場調查顯示，人們無法通過盲測來區分不同品牌。因此，如果要提升銷售量，就必須突顯品牌特色，或設法讓消費者認為這款香菸與眾不同，而後者容易多了，於是誕生了把商品跟美好生活連結在一起的廣告模式。

人們常低估「品牌」對所做選擇的影響。一項調查的受訪者被問及喜歡某個音樂或藝術作品的理由，他們通常會從作品本身的特質來說明。然而許多研究不約而同證明，「人會對熟悉的事物產生好感」。[37]如果讓受試者聽幾段音樂或看幾張圖片（刺激變項），並操弄每個刺激的出現頻率，受試者通常會給予較頻繁出現（熟悉）的刺激較高評價，但對自己的喜好與熟悉度的關聯渾然不察。因此，當兩件商品在各方面都勢均力敵，人們通常會選擇熟悉的品牌，即使只是在廣告中聽過它的名字。

那麼只要謹慎過濾廣告，採用客觀公正的真實資訊，就能避免被誤導嗎？美國《消費者報告》（*Consumer Reports*）雜誌是由非營利組織「消費者聯盟」（Consumers Union）發行，他們致力於幫助消費者了解各項商品的優缺點，而且禁止任何商業廣告引用他們提出的任何報告或評比，雜誌上也不刊登商業廣告。《消費者報告》在八十幾年前剛推出時，只有比較A級生乳和B級生乳之類的商品，如今已涵蓋兩百二十款新車種、兩百五十種麥片、四百種錄影機、四十種家事皂、五百種醫療保險、三百五十支共同基金，甚至還有三十五種蓮蓬頭。不過這只是市面上商品的一小部分，還有許多商品沒有被《消費者報告》納入評比，而且商品汰換速度很快，所以最新一期的評論往往有點過時。當然，其他的專業指南也有同樣問題，像是旅遊指南、大學指南。

網路上雖然找得到最新、最及時的資訊，但品質參差不齊，這是因意見提供者很少是真正了解相關事物的。[38]處在數位資訊洪流時代，要在兩百種穀物麥片或五千支共同基金中做選擇，首先得在一萬個購物情報網站中篩選出最值得信賴的資訊來源。[39]你不妨上網搜尋任何一種打過廣告的處方藥，就了解我所說的資訊繁雜的情形。我搜尋過暢銷藥普洛賽克（Prilosec），這用於治療胃食道症狀，藥廠做了大量廣告行銷，而找到的資料竟有九十幾萬筆之多！

許多證據顯示，由於缺乏過濾網路資訊的機制，因此人們很容易受到誤導。蘭德公司（RAND Corporation）曾對專門提供醫療訊息的網站進行評估，發現「除了少數例外，大部分網站都很糟糕」，不光是遺漏重要資訊不放，甚至還提供錯誤或誤導性訊息。然而，會根據這些網站提供的資訊做出醫療決定的民眾高達七〇%。[40]

人是如何評估資訊

那麼如果清楚知道自己想要的目標，也收集到適量的可靠資訊，人就有辦法權衡評估、做出正確結論和明智決定嗎？這倒不一定。心理學家康納曼和特沃斯基（Amos

Tversky）等人花了三十年研究人的決策歷程，其結果告訴我們：人在做決定時經常使用經驗法則（rule of thumb），這些法則卻常常造成誤導，進而讓人做出錯誤決定。[41]

誤導感知的「可得性偏誤」

假設你打算買一輛新車，並且優先考量安全性和可靠度，你看了《消費者報告》，發現富豪（Volvo）汽車在安全性和可靠度上都獲得最高評價而做好決定。當晚，你在雞尾酒會跟朋友聊到買車的決定，沒想到她說：「最好不要，我朋友珍半年前買了一輛富豪，結果問題一堆，先是漏油，後來常常發不動，接著音響也壞了，這半年來起碼送修了五次。」

你可能暗自慶幸及時打住錯誤的選擇。但也許你並不走運。《消費者報告》對各個品牌、各個車款所做的評價，都是根據成千上萬名讀者意見統整而來。意即當《消費者報告》說某品牌的汽車性能可靠，那麼即便並不是所有富豪車主都很滿意自己選的車，就整體而言，富豪車主在可靠度上也確實較其他品牌的車主滿意。現在你從朋友那兒聽說一位富豪車主對富豪汽車的看法，你會對這個看法給予多大的權重？這相比成千上萬則案例較不具參考價值。邏輯上，你應該不會就此推翻先前的決定。

遺憾的是，大多數人對於這種傳聞「證據」的重視程度勝過專業建議。因為傳聞故事都很生動、充滿細節，而且是面對面地講述個人故事。

康納曼和特沃斯基的研究指出，人傾向對某類訊息給予過度權重，這種認知偏誤稱為「可得性捷思法」（availability heuristic）。[42]稍微解釋一下，「捷思法」是一種經驗法則，亦即思考捷徑。可得性捷思法的運作方式是這樣的，假設有人問一個無聊的問題，好比：「t開頭的英文單字多，還是第三個字母為t的英文單字多？」你會怎麼回答？這時你分別回想兩個情形，發現t開頭的英文單字較容易浮現，也就是說，相較於第三個字母為t的英文單字，t開頭的英文單字更具有「可得性」。接著，你可能會如此推論：「一般來說，越常遇到的東西，之後就越容易回想起來。因為我想到更多t開頭的單字，這代表這類單字較常出現，也一定比第三個字母為t的英文單字多」。然而這個結論是錯的。

可得性捷思法就是：我們假設越容易回想的訊息，在過去的發生頻率一定越高。但人們常**高估**事物的發生頻率對記憶可得性的影響，而忽略「凸顯性」或「生動性」兩者也同等重要。在上面的例子中，t在首位比在第三位更凸顯，所以在提取記憶時，是更有用的線索。也就是說，它更容易被想到並不是因為**發生頻率**較高，而是因為這類單字更**突出**。「凸顯性」或「生動性」除了有利於提取記憶，還會影響特定訊息的權重。

從生活中可找到更多可得性捷思法影響人們判斷的例子。[43]大學生在選課時，如果可以參考數百名學生對課程評價的總結，以及一名學生評論課程的訪談影片，他們通常會採信生動的訪談內容，進而影響選課決定。即使事前提醒影片中的受訪對象不具代表性，他們的判斷還是會受生動的訪談影片影響。比如說，當影片主角是一名特別惡劣（或仁慈）的監所管理員，或是一名特別努力（或懶散）的社會救濟對象，人們就會改變對這類人的觀感。而當夫妻分別被詢問婚姻生活的甘苦談，雙方都會提到較多自己做得好以及做不好的地方，原因是，人類天生的自我中心傾向，導致他們更容易想到自己的行為，而不是另一半的行為，由於自己的行為在記憶中的可得性較高，因此認為自己的行為更常發生。

可得性捷思法也常應用在廣告中，生動地凸顯商品特色。想知道某家汽車製造商是否把安全性擺在第一位嗎？當你看到廣告中價值五萬美元的汽車高速撞向牆壁，完成一次碰撞測試，不管測試結果的統計數據如何，你都很難不相信這家製造商對安全性的重視。

人在評估風險時也會被可得性影響，導致判斷失誤。[44]一項研究要求受訪者估計每年因為各項原因而死亡的人數，包括：疾病、車禍、天災、觸電、兇殺……等四十項死亡原因。接著，研究者將受訪者的答案比對實際死亡率，結果令人意外。受訪者認為死於意外和死於疾病的人數一樣多，但實際上，後者是前者的十六倍。另外，受訪者也認為死於他殺和死於中風的人數，等同於他殺，然而實際上是多出十倍。由此可知，較戲劇性的死因（例如：意外、兇殺、龍捲風、洪水、火災）會讓人高估死亡人數，而像是患病致死等較平常的死因，則讓人低估死亡人數。

那麼，人們對死亡人數的估計是怎麼來的？研究者繼續查看在美國東、西岸發行的兩份報紙，統計出各項死因的報導數量，結果發現，報紙報導的頻率跟受訪者對死因發生率的估計幾乎完全相關。報紙上隨處可見兇殺、意外和火災致死的新聞，這類新聞不但駭人聽聞，而且輕易就能回想起來，讓人誤以為這類事件經常發生。這樣的認知偏誤會使我們錯估生活中的各種風險，並做出非常糟糕的決定。

幸好，每個人各有不同的生活經歷，會留下不同的深刻記憶，因此參考別人的意見往往能避免決策錯誤。你可能讀到一篇文章，裡面提到起亞（Kia）汽車有絕佳的安全性，因此你打算買一輛。隔天你向我提起這件事，而我轉述最近看到一則亞汽車被休旅車撞壞的新聞，這讓你決定重新考慮。雖然人都容易犯錯，但不是每個人都會犯相同錯誤，因為每個人的經歷都不同。只要我們收集不同來源的訊息並且多打聽，至少可以避開最嚴重的錯誤。

金融分析師喬森（Paul Johnson）以多年下來的實驗成果，向人們展示「根據多方意見進行評估」的優點。他請一群學生預測奧斯卡金像獎得獎名單（個別預測），接著再將大家的預估繪製成表格，並找出各類別被提到最多次的提名人（群體預測）。結果一次又一次發現，群體預測的表現總是勝過任何個別預測。以一九九八年為例，在十二名得獎人中，群體預測猜中十一名，而個別預測平均只猜中五名，甚至命中率最高的學生也只猜中九名。[45]

不過，雖然結合眾多個人經驗可以減少犯錯機率，但我們在多大程度上可以仰賴經驗的多樣性？選擇數量不斷增加，所需的資訊量也相應增加，二手資料在選擇的比重逐漸多於親身體驗。再加上，隨著電信產業走向全球化，我們每個人最終可能接收到同樣的二手資料。當不同城市、國家的人們從CNN、《今日美國》（*USA Today*）這樣的全國性媒體，接收同樣的資訊，個人的偏頗見解就不太可能被鄰居或朋友糾正，因為他們也接收到同樣的訊息。當你更常聽到同一種說法，就會預設設它的可信度較高，而當眾人都認定它不可能為假，就會加速轉傳給更多人。這就是為何不正確的訊息會導致跟風效應（bandwagon effect），並且迅速形成普遍但錯誤的共識。[46]

定錨效應的襯托戲法

可得性偏誤不是做決定的唯一罩門。我們估算一件衣服的可接受價格，主要就是跟其他衣服比較，也就是拿其他商品做為定錨點或比較基準。同樣一套八百美元的細條紋西裝，在平均價格超過一千五百美元的甲西裝店裡就相對實惠，在平均價格五百美元的乙店裡，就顯得很貴。只要不是預算很吃緊，我們無法很快判斷它物超所值，還是太過奢侈。**一件商品的所在環境會影響我們如何衡量它的價值**。

一家主要販售高檔廚具和美食的網路商店，有一款售價兩百七十九美元的自動麵包機，一段時間後，又推出一款容量更大的豪華型麵包機，售價四百二十九美元。這款高價麵包機賣不好，倒是在它推出後便宜的那款銷量幾乎成長一倍！昂貴款式讓兩百七十九美元的款式「變便宜」了。許多賣場就是運用定錨原理，不時舉辦折扣活動，讓消費者有撿到便宜的感覺。原本的價格標籤就是用來跟折扣價比較的定錨點。[47]

一項針對超市購物型態的研究，也說明了「比較脈絡」的重要性。在一九七〇年代，賣場和超市開始標示單位定價，研究者發現，當單位定價出現在貨架標籤上，消費者平均會省下一％花費，因為他們不在意品牌，而是挑大包裝商品；而當單位定價出現在不同品牌的比較清單上，消費者平均會省下三％花費，因為這時他們會挑比較便宜的品牌，而不是大包裝商品。為什麼會有這樣的差異？想想大多數超市貨架的陳設方式，主要是按品牌陳列，讓消費者能一眼瀏覽小包裝、大包裝、家庭號等不同容量的相同商品，以及各自的單位定價，因此輕易就能比較同一品牌的價格，不過如果要比較不同品牌的價格就得走一段路。而如果超市把各品牌的單位定價做成一紙列表，這就減輕了消費者做全面比價的負擔。[48]

當我們在大賣場看到八千美元的戶外瓦斯烤爐，買一旁一千兩百美元的那款似乎相當合理。當我們花兩萬美元買新手錶，卻發現準度不如一支五十美元的，那麼下次買兩千美元上下的就很明智。即便昂貴款的銷量低，商家仍會上架並能因此獲得巨大利益，因為售價較低（但也不便宜）的商品款式會賣更好。人們無論怎麼精打細算，都很難避掉定錨效應的影響。

框架效應和心理帳本

人的選擇有時也會受文字表達方式影響。

假設有兩間加油站甲、乙，分別坐落在一個繁忙的十字路口的對角，甲加油站提供現金交易折扣，並立了一個很大的招牌，上面寫著：

付現折扣！

現金——每加侖一．八五美元

刷卡——每加侖一．九五美元

另一間則對刷卡付款者加收費用，但是只在加油機上貼一張小告示：

現金——每加侖一．八五美元

刷卡——每加侖一．九五美元

這張小告示很不起眼，因為大家都不喜歡被額外收費。不過，實際上這兩間的收費價格是一樣的。但急著加油的顧客對這兩種說法還是會產生截然不同的主觀感受。

康納曼和特沃斯基把這種現象稱為「框架效應」（framing effect）。[49]我們無法光從價格判斷某個價格是打了折扣，還是額外收費，因此需要一個比較基準或「參考價格」。汽油的參考價格如果是一．九五美元，付現就省了一筆；如果是一．八五美元，代表刷卡得支付額外費用。甲、乙加油站採用的描述，使一種定價產生兩種不同的認定。

當風險越高，框架效應對決定的影響就更顯著：

假設你是一名被派駐亞洲偏鄉的醫生，現在有六百人染上致命疾病，而你知道兩種治療方法，A方法可以救活兩百人，B方法有三分之一的機率可以救活所有人，但有三分之二的機率一個人也救不了。你會選擇A還是B？

大多數人都會選擇A，與其冒著無法挽救任何生命的風險，不如確保至少有部分人可以獲救。再來考慮另一種情況：

假設你是一名被派駐亞洲偏鄉的醫生，有六百人染上致命疾病，而你知道兩種治療方法，如果選C方法，會有四百人喪命，如果選D方法，則有三分之一的機率無人喪命，但有三分之二的機率所有人都會喪命。你要採取C還是D？

這次受試者多選擇D，他們寧願冒所有人都喪命的風險也不願接受有四百人會死去。

面對風險或不確定性，我們傾向獲益小但風險較低的那個，這相當普遍。譬如絕大多數人都會選擇穩賺一百美元，而不想丟銅板決定可以得到兩百美元或一毛錢都沒有。然而當涉及一定損失，我們就願意冒更大的風險，例如寧願丟銅板決定損失兩百美元或毫無損失，而不願確定損失一百美元。

但事實上，在上面兩個案例中，醫生面臨的其實是相同的困境。如果有六百名病人，拯救其中兩百人（A方法）就等於放棄另外四百人的生命（C方法），而三分之二的機率無人獲救（B方法）就等於有三分之二的機率所有人都會喪命（D方法）。然而，人們在第一種語境下選擇了確定性，在第二種語境下卻選擇冒險。就如同先前關於折扣與加收費用的討論，選擇的框架會影響我們對選項的看法，進而影響我們的決定。

再來看另一個例子。

今天你決定去聽一場音樂會，門票每張二十美元。你到現場隨即發現自己掉了一張二十美元的鈔票，這時你還願意買音樂會門票嗎？（情況一）

近九成的受訪者表示「願意」。下面是相反的情形：

今天你決定去聽一場音樂會，且提前買好二十美元的門票。你到現場之後，才發現把門票搞丟了，並且沒有購票證明，那麼你願意再花二十美元買現場票嗎？（情況二）

這一次回答「願意」的只有不到五成。那麼這兩種情況到底有什麼差別？從問題的本質來看似乎並無不同，都涉及兩個選項：一、聽音樂會，但損失四十美元。二、不聽音樂會，但損失二十美元。但是人們顯然認為兩者有差異，因為多數人做了不同選擇。

受到經濟學家塞勒（Richard Thaler）的開創性研究影響，康納曼和特沃斯基認為，這兩種情況之所以會引發不同反應，跟我們如何建構「心理帳本」（psychological account）有關。如果某人的心理帳本有「音樂會成本」類別，那麼在情況一，門票的二十美元就會記在該帳目，而遺失的二十美元則記在其他帳目，可能是「雜項」。但是在情況二，遺失票和重買票的費用都會記在「音樂會成本」帳目，這時在心理上會認定自己花了四十美元聽音樂會。

心理框架或帳目系統非常多元化，有人不會將門票開銷記在「音樂會成本」之下，而是歸到「邂逅潛在伴侶」帳目，因為也說不準能認識興趣相投的人；或是跟訂閱視頻、買書籍這類花費一起記在「提升文化素養」帳目；也可能是記在「週末小確幸」帳目，和酒吧晃晃、看籃球賽、宅在家看電視看到睡著……等活動同項。這場音樂會的價值取決於你把它歸在哪個帳目。花四十美元打發週五夜晚有點奢侈，但要是用來尋找伴侶可能就不嫌多。總而言之，這四十美元花得值不值得，全看你怎麼記這筆帳。正如常聽到的玩笑話：「有創意」的會計師總是能技巧性地讓公司的財務報表看起來很好或很糟，自由發揮。好吧，我要說的是，我們在管理心理的財報時，都是創意十足的會計師。[50]

框架效應和預期理論

康納曼和特沃斯基根據框架效應的研究基礎，建構出人如何評估選項和做決定的模式，稱之為「預期理論」（prospect theory）。

在圖1中，橫軸是客觀狀態，右邊是正值，左邊是負值，可能代表投資盈虧、職位升降、高爾夫球差點的進步或退步……等客觀事件。縱軸是主觀心理狀態，會隨著客觀事件改變而不同。在賽馬場贏了一千美元有多爽？在高爾夫球賽輸了三桿有多沮喪？如果主觀心理狀態能夠完全忠實地反映客觀事件的變化，那麼兩者的相關應該是一條剛好通過原點的斜直線。然而我們從圖1知道，事實並非如此。

預期理論為何指出客觀事件和主觀心理狀態之間是曲線相關，而非直線相關？要搞懂這點，就必須分別檢視圖中的左、右兩個部分。右上角呈現的是對正向事件的反應，值得注意的是，越往右邊，曲線的斜度就越小，舉例來說，賺到一百美元（客觀狀態）的主觀滿意

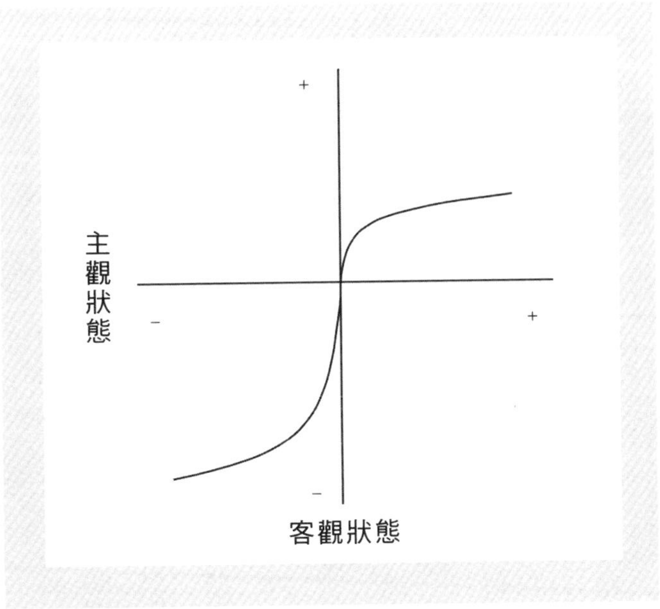

圖 1：預期理論

度是十，但賺到兩百美元不會讓主觀滿意度提升到二十，也許只有十八。隨著收益增加，滿足感的增幅度趨緩，此現狀與經濟學家所謂的「邊際效益遞減法則」疊合，亦即有錢人獲得的滿足感將隨著財富每增加一單位而趨減。

看過圖 1 後，請思考問題 A：你會選擇穩拿一百美元，還是要丟銅板決定得兩百美元或一毛錢也沒有？大多數人選穩拿一百美元，為什麼？客觀來看，「穩拿一百美元」和「有一半機率獲得兩百美元」其實是一樣的，雖然高風險選項的獲利機率只有一半，但可以帶來兩倍的利益，剛好抵銷掉風險。然而看一下圖1就知道，擁有兩百美元的快樂程度不會是一百美元的兩倍，差不多只有一．七倍，所以要讓你願意放手一博，就必須把利益提高到兩百四十美元。這就是康納曼和特沃斯基所說的，**人在面對潛在獲益時，傾向迴避風險**。

再來看圖1的左下角，同樣也是曲線，呈現出對損失的反應。現在想想問題B：你寧願穩賠一百美元，還是要丟銅板決定賠兩百元或分毫無損？如同問題A，雖然丟銅板可能損失兩倍金額，但機率只有一半，因此會互相抵銷。如果你在問題A選擇避開風險，那麼在問題B應該也是如此，所以寧願損失一百美元。然而多數人並不是這麼想的，從圖1也可以知道為什麼，仔細看，曲線一開始急遽下降，然後逐漸趨於平緩，亦即呈現「損失的邊際負效益遞減」。第一次損失一百美元的痛苦更勝於再次損失一百美元，因此雖然客觀來看，「損失兩百美元」似乎是「損失一百美元」的兩倍，但在主觀感受上其實不到兩倍。這表示，如果冒點風險可以避免任何損失，其實是相當不錯的交易。因此正如康納曼和特沃斯基指出的，人在面對潛在損失時，傾向尋求風險。

圖1還有一個特點：「損失部分」（左下角）的曲線比「獲益部分」（右上角）的曲線更陡峭。因此，「害怕損失」的心情會比「保住獲利」更強烈。研究估計，損失造成的心理影響是獲益的兩倍多。正如康納曼和特沃斯基所述，人都厭惡損失，所以會規避損失。

圖1的最後一個關鍵要素，就是原點的位置。原點既是獲益和損失的分界處，也是正向感受和負向感受的分界處。當加油站表示付現和刷卡的收費價格不同，那麼業者到底是給付現的客人折扣，還是對刷卡的客人加收費用？如果你把它當成付現折扣，那就是把原點設定在刷卡價格上，所以付現等於獲益。如果你認為刷卡是加收費用，那就是把原點設定在現金價格上，所以刷卡等於損失。因此，只要稍微技巧性地操弄**文字**，**就可以改變人對原點以及得失的定義**，**進而影響選擇方向**，這是我們所不樂見的，因為「付現折扣」和「刷卡加收」只是把一件事換句話說。

同樣，我們對於優酪乳標示為「脂肪含量五%」或「九五%無脂肪」也會給予不同權重，因為後者似乎比前者更健康，然而我們卻沒發現兩種標示的含義根本是一樣的。[51]

再舉一個例子，假設你自願參與一項研究，主辦單位提供馬克杯、價格相當的精美鋼珠筆兩種謝禮。禮物是採隨機分配（亦即機率各半），而且可以任意交換。一般認為，既然是隨機分配，應該有一半的人會拿到自己想要的贈品，另一半的人則會跟別人交換。但事實上，沒幾個人想交換。這種現象稱為「敝帚自珍效應」[2]，意思是，一旦東西交到你手裡，

2 譯注：endowment effect，亦常譯為「稟賦效應」。

就屬於你的，而當你擁有這樣東西，即使只是短短幾分鐘，放棄它也算一種損失。再加上損失的壞處大於獲益的好處（如預期理論所述），因此不論你「擁有」的是哪個，都會認為它比另一個禮物更有價值。既然「失去」（放棄）鋼珠筆的遺憾大於「獲得」（換來）馬克杯的快樂，你當然不願意交換。[52]

這也是商家願意提供退貨保證的原因。一旦消費者擁有某樣商品，就會認為它的價值高出原本的價格，因此放棄它就等於損失。最有趣的是，人們已經受敝帚自珍效應影響而扭曲判斷，卻絲毫沒有察覺。在一項研究中，受試者拿到一個杯子後，必須評估如果自己是杯子的主人，會出多少價錢賣掉。幾分鐘後，研究人員真的把杯子送給受試者，並詢問他們現在要賣多少錢，結果受試者的出價比剛才多了三〇%！

另一項研究比較了敝帚自珍效應在兩種情況下，會如何影響買車的決定。A組受試者必須在眾多汽車配備中刪除不想要的項目，B組受試者則必須為空車選購自己想要的配備。結果，A組受試者決定購買的汽車配備遠多於B組。這是因為當配備選項已經跟考慮中的汽車綁在一起，就成為自己擁有的東西，放棄算是損失。而在沒有任何附加配備的情況下，選購配備就被視為獲益。損失的痛苦大於獲益的滿足，所以人在面對預設好的配備選項時，就會覺得放棄（損失）要價四百美元的立體音響比較痛苦，而四百美元的價格不算什麼。相對地，當這個配備不在預設選項中，加購它（獲益）並不會帶來相當於四百美元的快樂。可見在我們實際擁有物品之前，敝帚自珍效應早就開始運作了。此一現象有個非常戲劇化的例子，來自決策學家卡蒙（Ziv Carmon）和艾瑞利（Dan Ariely）針對杜克大學學生的調查。杜克大學男子籃球隊征戰全國錦標賽的門票向來非常搶手，學生甚至會在體育館外沒日沒夜地排隊一週，只為取得抽籤買票的資格。由於抽籤結果是隨機決定的，因此可以假設無論是否中籤，對門票的渴望程度應該都一樣，於是卡蒙和艾瑞利詢問不幸沒抽中的學生，願意花多少錢買一張門票，答案是一百七十五美元；接著又問了幸運的中籤者，要多少錢才願意轉賣，答案是兩千四百美元！對於中籤者來說，放棄自己抽中的買票資格相當於損失自己的「所有物」，而「自己擁有的東西最好」的心態，讓門票的價值飆漲了十五倍。

厭惡損失的傾向也讓人特別在意所謂的「沉沒成本」（sunk cost）。假設你買了五十美元的籃球賽門票，要一個小時車程才能抵達比賽場地，出發前卻下起暴風雪，你還想去嗎？經濟學家告訴我們，評估這種狀況時應該把重點放在未來，而不是過去。既然五十美元已經花了，這筆錢就「沉沒」了，不可能失而復得。現在只要考慮，待在溫暖又安全的家裡看電視轉播，還是徒步穿過雪地一個小時去看比賽，哪個讓你比較開心？這才重要。但可不是唯一重要的事——待在家就表示損失了五十美元，而人都討厭損失，所以會堅持原訂計畫。

經濟學家塞勒提供了另一個令人心有戚戚焉的例子，來解釋沉沒成本。今天你發現剛買的鞋子很不合腳並且無法退款，你會怎麼做？塞勒認為：

- 這雙鞋子越貴，你穿它的次數就越多。
- 最後你不再穿它了，但也不會把它丟掉。你為它花的錢有多高，它待在儲藏室的時間就有多長。
- 直到有一天，這雙鞋在你心中已經完全「貶值」，你才會把它丟掉。

確實，誰的櫃子裡沒有幾樣閒置、將來也不會穿的衣物？[53]

小結：我們是在挑選，還是撿拾？

本章討論了人在預測自己想要什麼，以及收集、評估相關資訊時會犯的錯誤。證據清楚顯示，即使面對的只是少數幾個選項，照理來說應該可以好好地深思熟慮，卻還是容易判斷錯誤。而且隨著選項越來越多、越來越複雜，就更容易出錯，這在日常生活中很常見。大家都缺乏足夠的時間和認知資源，因此無法徹底研究每個選項並做出準確抉擇，所以當需要做的決定和可以選擇的項目變多，就更難做出明智的決定。

錯誤的選擇大都僅造成輕微後果，那只是擁有豐富選擇的小小代價。不過在某些情況，後果可能會相當嚴重，比如因為不清楚某筆投資相應的稅賦，而導致金錢損失，或匆促瀏覽合約細節，而買了不適合自己的醫療保險。我們可能會受選擇的呈現方式影響，而讀錯學校、選錯科系、入錯行。要做的抉擇越來越多，人們每次做決定都得承擔更高的風險。

即使在相對無關緊要的事上選錯，仍得付出代價。由於選項增加，我們花更多心力挑選餐廳、度假地點或新衣服，而如果沒有得到滿意的結果就會更難過。因此，選項和機會增加將造成三個相關的不良影響：

- 需要花更多心力來做決定。
- 犯錯機率更大。
- 錯誤的選擇對心理層面的影響更嚴重。

到頭來，龐大的選擇可能會把我們從主動的挑選者（chooser）變成被動的撿拾者（picker）。挑選者在做決定之前，會有意識地考慮各種可能性，思考什麼對自己才是重要的，並就重要性及近遠程後果，來衡量每個決定。挑選者非常清楚每個選擇的個人意義，並且理智地知道也許現有選項都令人不滿意，必須積極創造最適合自己的選項。

撿拾者則不具備上述特質。各種選擇有如音樂影片的畫面般讓人目不暇給，撿拾者只能隨便抓取幾個，然後期待它們帶來最美好的結果。當然，如果只是決定要買哪種穀物，隨便挑也無所謂。然而我們所做的決定是否會造成關鍵影響，有時不是那麼顯而易見。更不幸的是，選擇激增導致我們沒有機會自行判斷每個選擇的重要性。

下一章將深入探討人的決策歷程，以及為此所付出的各種代價。

第4章 當你只要最好的

第3章提過，要做出明智的決定，第一步就是清楚知道自己的目標。所以你面臨的第一個選擇就是：非要「最好的」目標不可，還是「夠好」就好？

如果你堅持尋找最好的、也只能接受最好的，那你就是「最大化者」（maximizer）。

想像一下，你打算買新毛衣，逛了好幾家百貨公司和精品店，花了一個多小時，終於找到一件喜歡的毛衣，顏色亮麗，版型也很修身，料子摸起來柔軟又舒服，標價八十九美元。正當你準備拿到櫃檯結帳，突然想起附近有另一家實惠的服飾店，於是又默默把手上的毛衣放回展示櫃，還藏在其他尺碼的毛衣底下（以免看著它被其他人買走），然後掉頭離開，前往另一家商店尋覓物美價廉的毛衣。

最大化者需要確保自己每次消費的性價比都是最高的、所做的每個決定都是最好的。然而，誰會知道哪個現有選項才是最好？除非看過所有毛衣、比較過所有價格，否則我們無法肯定哪件毛衣最好、哪個價格最優惠。最大化者的決策策略給自己帶來了艱鉅的任務，而隨著選項增加，這項任務就更困難。

相對地，「知足者」（satisficer）可以接受夠好的東西，而不擔心錯過更好的選擇。他們有一套對事物的標準和要求，只要找到相符的就不會再觀望。如果在第一家店就發現合身、質感不錯、價格合理的毛衣，就會拿去結帳不多做考慮。[54]

最大化者不是非得逛完每間店、看過每個毛衣款式，但出於追求最大化的決心，他們會花很多時間和精力去尋找喜歡的物件、查看標示、翻閱雜誌，或試用新產品。更糟糕的是，他們做決定之後，還會掛念其他沒空研究的選項，並為此苦惱不已，最後對自己精打細算後的選擇還是不滿意。當他們迫於現實而必須妥協（亦即停止尋找並做出決定），就會開始三心二意，後悔沒選其他選項。

最大化者常會覺得知足者滿足於平庸，但這是誤解。知足者可能跟最大化者一樣挑惕，而兩者的差異在於，知足者對於還不錯的事物就會心滿意足，不會一味追求最完美的東西。

我認為追求最大化的目標會讓人產生極大不滿，並陷入痛苦的糾結中，尤其在一個不斷提供過多選擇的世界，就算雞毛蒜皮的小事也有一堆選項。

「知足」的概念最早在一九五〇年代，由諾貝爾經濟學獎得主暨心理學家司馬賀（Herbert Simon）提出，他表示，考量到收集全部選項的資訊所耗費的所有成本（時間、金錢和煩惱），知足才是能帶來最大化效益的策略。我將會以西蒙的洞察為主軸，於後文提供許多策略，幫助各位對抗「龐大選擇」造成的壓迫。

人的兩種選擇取向

我們都認識幾個做選擇時速戰速決的人，也認識幾個猶豫不決的人，每次做決定都是項大工程。幾年前，我跟同事為了評估人的最大化／知足傾向，便發展出一份量表，總共包含十三道題目，如表1。[55]

表1：最大化量表[56]

1. 我每次面臨選擇時，都會想像其他各種可能性，即使有些可能性目前還不存在。
2. 不論我有多滿意目前的工作，都應該隨時留意更好的機會。
3. 我在車上聽廣播時，即使對正在收聽的節目還算滿意，仍然會轉到其他電台，聽聽看是否有更好的節目。
4. 我看電視時經常轉台，就算已經有想看的節目，還是會瀏覽其他頻道。
5. 談戀愛或交朋友就跟買衣服一樣，在找到最合適的理想伴侶和夥伴之前，應該要多嘗試。
6. 為朋友挑選禮物是很困難的事。
7. 選擇要看的影片真的很難，我常常挑了很久都挑不到最想看的片子。
8. 逛街時我總是找不到最喜歡的衣服。
9. 我非常喜歡各種排行榜，像是最佳影片、最佳歌手、最佳運動員、最佳小說。
10. 寫作真不容易，就算只是寫封信給朋友，也很難找到適當的措辭，我連寫簡單的事都要打好幾份草稿。

11. 無論做什麼事我都用最高標準要求自己。
12. 我從不退而求其次。
13. 我經常幻想自己過著跟目前截然不同的生活。

資料來源：美國心理學會（American Psychological Association）

受訪者必須回答是否認同每一題的描述，認同的程度越高，就越可能是最大化者。各位不妨自我檢測一下，在每個題目旁邊寫下你對該敘述的認同程度（「一」表示完全不同意，「七」表示完全同意），最後加總各題的評比數字。如果總分在六十五以上，表示明顯具有最大化傾向；如果總分在四十以下，則較偏向知足者。

我們實際調查了數千人，總分最高為七十五，最低為二十五，較意外的是，並沒有發現性別差異。

現在就來逐項檢視這份量表，同時想像一下最大化者會怎麼回答這些問題：

1. 我每次面臨選擇時，都會想像其他各種可能性，即使有些可能性目前還不存在。

最大化者會同意這點，因為如果不考慮所有選項，要怎麼確定自己手上的東西是「最好的」？

搞不好其他家店的毛衣品質更好、更實惠。

2.不論我有多滿意目前的工作，都應該隨時留意更好的機會。「好」工作不見得就是「最好的」工作。最大化者總是擔心外頭還有更好的選擇並且伺機而動。

3.我在車上聽廣播時，即使對正在收聽的節目還算滿意，仍然會轉到其他電台，聽聽看是否有更好的節目。沒錯，最大化者也許剛好聽到一首不錯的歌，但他們追求的是「最好聽」的歌，而不是夠好就好。當然，現在很少人聽廣播，更常把手機裡的播放清單連接到汽車音響，但最大化者則會花掉很多時間在製作自己的播放清單上。

4.我看電視時經常轉台，就算已經有想看的節目，還是會瀏覽其他頻道。同樣的，「好看的」節目無法滿足最大化者，他們要的是「最好看」的節目。今天的頻道選項更多，得確認別台是否更好看。

5.談戀愛或交朋友就跟買衣服一樣，在找到最合適的理想伴侶和夥伴之前，應該要多嘗試。對最大化者來說，世界上一定存在完美的愛人、完美的朋友，就算目前的親密關係和人際關係沒有任何問題，但只要隨時留意、保持開放心態，誰知道會不會出現更好的對象。心理諮商師兼作家葛利布（Lori Gottlieb）寫過一本書，描述她自己（和其他女性）在尋找完美伴侶的過程中遭遇的困難和挑戰，並指出最大化者在愛情上會遇到的陷阱。書名《也許該試著丟掉妳的「完美男」清單》（*Marry Him*）便說明了一切。[57]

6. 為朋友挑選禮物是很困難的事。最大化者覺得挑禮物很困難，因為他們確信別處總有「完美」的禮物。

7. 選擇要看的影片真的很難，我常常挑了很久都挑不到最想看的片子。最大化者會想：「影音出租店有成千上萬種選擇，一定有部影片最符合我當下心情，以及跟我一起看電影的人的喜好。我打算挑一部最好看的新片，然後再找找看店裡是否有更好看的經典電影。」不過就跟問題 3 一樣，隨著影音串流平台取代影音出租店，我們現在有了無限選擇。

8. 逛街時我總是找不到最喜歡的衣服。只有在一種情況下，最大化者才會「真正喜歡」某件衣服，就是確定其他地方都找不到更好的。

9. 我非常喜歡各種排行榜，像是最佳影片、最佳歌手、最佳運動員、最佳小說。相較於東西「夠好」就滿足的人，總是尋求最好的事物的人對排行榜更感興趣。如果你看過小說《失戀排行榜》（*High Fidelity*）或改編的同名電影，就知道這種傾向會造成多麼失控的局面。

10. 寫作真不容易，就算只是寫封信給朋友，也很難找到適當的措辭，我連寫簡單的事都要打好幾份草稿。最大化者會因為過度修改而陷入瓶頸。

11. 無論做什麼事我都用最高標準要求自己。最大化者要求自己把每件事都做到盡善盡美，這會導致不健康的自我批評。

12. 我從不退而求其次。最大化者的自我修正和自我批評可能會使他們因為試圖達到完美，而無法採取行動或取得進展。

13. 我經常幻想自己過著跟目前截然不同的生活。比起知足者，最大化者對於「未選擇的那條路」充滿更多遐想。一整排的心靈勵志書都指出，這種「早知如此，何必當初」的念頭十分危險。

在另一項研究中，我的團隊向受訪者提出一些問題，以了解他們在實際購物行動中所展現的最大化傾向。結果不出所料，比起知足者：

1. 最大化者無論在做出購物決定之前或之後，都更頻繁地比較各種商品。
2. 最大化者會花更多時間決定要買什麼。
3. 最大化者會花更多時間比較自己跟別人買的東西。
4. 最大化者在消費後更容易後悔。
5. 最大化者經常在消費後想像其他更好的選擇。

6. 最大化者通常都不太滿意自己的購物決定。

再把這些問題擴大到購物以外的生活經歷，我們有更切身的發現：

1. 比起知足者，最大化者較無法感受正面事件的美好，也自認為較不善於應對負面情況。
2. 最大化者在遭遇壞事後，需要更長時間才能恢復心情。
3. 比起知足者，最大化者更容易悶悶不樂或陷入反芻思考。

求好心切是雙面刃

在選擇氾濫的時代，最大化者遇到的問題會比知足者嚴重。因為知足者只要找到符合自己標準的「夠好」選項，就不會繼續觀望別的，所以不會受選擇數量左右。但如果你是最大化者，那麼每個選項都可能讓你不斷焦慮、後悔，以及事後諸葛。

這代表最大化者通常更不快樂？為了檢驗這項假設，我們讓填寫過最大化量表的受訪者再填四份量表，這些量表皆為反映生活福祉的可靠指標，包括：（一）幸福感量表，例如從「我不是非常快樂」到「我非常快樂」幾個等級中，選出最貼切的描述。（二）樂觀量表，像是詢問受訪者對下列敘述的同意程度，「在不確定的時刻，我總是預期最好的狀況會發生」。（三）生活滿意度量表，例如對下列敘述的同意程度，「我的生活過得很好」。（四）憂鬱量表，詢問受訪者的主觀難過程度、從各種活動之中獲得滿足的程度、對他人的興趣程度、對自己外表的看法……等等。

結果證實了我們的假設：在最大化量表上得分較高者，其生活滿意度和主觀幸福感較低，也較悲觀、較憂鬱。事實上，明顯具有最大化傾向者（即分數介於六十五至九十一），在憂慮量表上的得分已達憂鬱症邊緣。

必須強調：相關不必然等於因果，因此「追求最大化」跟「不快樂」之間存在正相關，並不代表最大化會導致不快樂，不過我的看法是，最大化傾向確實是造成不快樂的主因，對於如何在這充滿選擇的世界，能享受美好的生活，我認為關鍵步驟就是學習知足。

最大化與後悔

最大化者比知足者更容易有各種後悔，尤其是所謂的「買家懊悔」（buyer's remorse）。後者看到中意的商品就不會三心二意。而最大化者要是發現自己錯過更好的商品，就會十分痛苦，腦中冒出無數個以「早知道就」為開頭的念頭，像是「早知道就多逛一家店」、「早知道就先看《消費者報告》」、「早知道就聽傑克的話」，持續給自己先前所做的決定扣分。

如果總是擔心自己沒有做出最佳選擇，並因此而後悔，當然會給自己帶來很大的困擾。何況，一個經常後悔的人就算做出正確決定，原本應有的滿足感也會打折。更糟的是，人可能在還沒做決定之前就先後悔，因為會忍不住想像萬一發現更好的選擇該怎麼辦，這樣的想像會讓人產生不確定感，甚至陷入痛苦的境地。

第7章將深入探討「後悔」的主題，現在先介紹一份跟最大化量表一起發展的「後悔量表」（Regret Scale），如表2。

表2：後悔量表

1. 我一旦做了決定，就不會再回頭。
2. 每當我做了選擇，總是會猜想如果做了不同選擇會如何。
3. 就算我的選擇最後得到不錯的結果，但要是發現另一個選擇會更好，我就覺得自己失敗了。
4. 每當需要做選擇，就會試著打聽其他選擇的結果。
5. 當我回想自己的人生，經常會反覆思索那些錯過的機會。

資料來源：美國心理學會

後悔量表的計分方式為：在每個問題旁邊寫下自己的同意程度，「一」表示完全不同意，「七」表示完全同意。然後用「八」減掉第1題的得分，再全部加總起來。得分越高，就表示越容易後悔。

我們針對後悔量表所做的研究結果相當有啟發性：在最大化量表上得分較高的人，幾乎都在後悔量表拿到較高的分數。

試想今天你在考慮兩種投資標的，目標報酬率要有八％。選定後過了一年你分別追蹤各標的的表現。當你投資的A有一〇％的年均報酬率，你滿意這個結果嗎？如果滿意，你接著發現當初不選的B報酬率多達一二％，現在你仍然滿意嗎？行銷學者黃文仙和澤倫伯格（Marcel Zeelenberg）在類似研究中發現，只要投資標的的績效超過目標報酬率，大多數人都會滿意，只有最大化者例外。即使實際報酬已高於預期，最大化者如果發現自己放棄的選項績效更好，就會非常失落。[58]

使效率流失的最大化心態

我們已知最大化的取向往往會犧牲掉個人的幸福快樂，但完美取向是否至少有助於我們做對的決定？更高標準的要求理應帶來更好的結果，畢竟「最好的公寓」勝過「夠好的公寓」，「最好的工作」強過「夠好的工作」，「最好的伴侶」完勝「夠好的伴侶」，不是嗎？

事實上，答案非常複雜。客觀來看，最大化者的選擇也許比知足者好，但在主觀上正好相反。想像一下，有個最大化者歷經艱辛的過程找到一件毛衣，若是知足者得要超級幸運才能買得到這等好貨。那麼，這名最大化者在新毛衣到手後的感受如何，是否因為耗盡時間和精力而悵然所失？或是還在留意更好的選擇？或猜想有人用更划算的價錢買到同款？會不會打量每個穿毛衣的路人並做比較？當最大化者陷入這些疑慮和擔憂之中，知足者正怡然自得地繼續過生活。

這一點可由艾恩嘉、魏爾絲（Rachel Wells）跟我的一項研究來說明，我們追蹤一群大四學生找工作的情況。研究展開時每個參與者都填寫了最大化量表，我們從結果發現，最大化傾向較明顯的人會尋找更多選擇、收集更多關於工作機會的資訊、更頻繁跟同儕比較、投入更多時間在找工作上，最後也得到更好的工作。整體上，最大化者的工作起薪比知足者高出二〇％。但是有個大問題，最大化者比知足者有更多負面情緒，包括：悲觀、焦慮、緊張、擔憂、疲憊、憂鬱、後悔、失望。此外，最大化者更不正向開朗，也不容易感到滿足、興奮和快樂。換句話說，最大化者實際上的表現比知足者好，但是對自己卻較不滿意。

所以我們該以何種基準來比較決策品質，是客觀結果還是主觀經驗？我認為在大多數時候，重要的應該是我們對自己所做決定的感受。經濟學家提出的消費決策理論假設，人追求的是喜好或滿足感的最大化。而在現實生活中，「滿足」或「喜好」顯然是主觀經驗，而非客觀事物。如果對客觀結果失望，那麼就算是最好的結果也會失去價值。

問題來了，人或許可以用主觀滿意度來衡量微不足道的決定，但是當涉及重大決定（例如教育），客觀條件難道不是最重要的衡量指標？不，我不這麼認為。根據我在大學任教多年的經驗，比起不滿意學校的學生，認為自己來對地方的學生更能從學校教育獲益。相信自己適得其所的學生更有自信，更願意嘗試新經驗，也更積極尋找各種機會。因此，客觀經驗固然重要，但主觀經驗跟客觀經驗的品質卻密切相關。

這並不是在說，對較差的學校感到滿意的學生就會獲得良好教育、對不稱職的醫生感到滿意的病人最後都會痊癒。請記住，我先前提過，**知足者並非沒有任何要求、標準不高，而是只要體驗到的事物已達自己的標準，就會心滿意足。**

前面提過西蒙的觀點，按照他的邏輯，也許有人會質疑說，我所描述的最大化者其實根本不懂「最大化」的精髓，真正的最大化者會考慮到收集和評估資訊的成本（時間、金錢和壓力），而窮盡一切搜尋各種可能性，將衍伸出巨大的「資訊成本」，並不是實現最大化的方法，真正的最大化者會評估該收集多少資訊才能做出最佳選擇，也清楚知道資訊量到達何種程度會開始效益遞減，那時他們就會停止收集資訊，並在既有選項當中選擇最好的那一個。

然而，最大化並不是衡量效率的指標，而是一種心態。如果你的目標是得到最好的東西，那麼當你受限於現實而必須妥協，就會很難受，因此不會跟知足者一樣滿足於自己的選擇，而是不斷張望，繼續尋找更好的東西。

最大化與完美主義的區別

談到個人表現，就不能忽略「最大化者」和「完美主義者」之間的區別。我的研究團隊讓填寫過最大化量表的受試者另外填一份完美主義量表，結果發現，雖然兩份量表的得分呈現相關，但兩個概念並不能互換。

完美主義者如果可以做得更好，就不允許自己停留在「夠好」。音樂家的演出即使已經達到幾乎毫無瑕疵的水準，他還是會不斷練習同一首曲目。資優生的報告即使已經足以拿到最高分，他還是會不斷修改。老虎伍茲的高爾夫球技即使已經到達無人可及的境界，他仍然努力不懈地精進自己的球技。論成就，身為完美主義者顯然是種優勢。

雖然完美主義者跟最大化者都追求最好的結果，但兩者之間仍然有一個重要差異。儘管兩者都有非常高的標準，但完美主義者並不是非達到高標準不可，而最大化者則要求自己必須達到高標準。

這或許解釋，為何在完美主義量表上得分高的人，並不像最大化者那麼憂鬱、後悔或不快樂。雖然完美主義者可能會挑惕自己的表現，但比最大化者更滿意自己的行為結果。

什麼時候會是最大化者

我並不是最大化者，最大化量表的得分不到二十。我討厭購物，因此採買時只買自己認識的牌子，也不會注意到有什麼新產品，只求速戰速決。我很少查看我的投資表現，從不擔心電信費率是不是最划算，還盡可能地使用舊版電腦軟體。我在工作上雖然堅持高標準，但不強求完美，如果自認我寫的研究報告或正在準備的課程已經夠好了，就會去做別的事。如果我多花點時間尋找更實惠的交易，也許就會更有錢；如果我多花點時間在工作上，也許就會成為更優秀的教授，但我接受這些「損失」。

不過跟大部分人一樣，我在某些方面也傾向追求最大化。當我踏進販售精緻外帶餐盒的高檔商店，或參加一場彷彿為《美食家》（*Gourmet*）雜誌準備的自助餐會，望著各式各樣的美食，就會恨不得全都吃過一輪。我能想像每種食物的滋味，但不可能都品嚐，而感到抉擇困難。作為美食方面的最大化者，我經歷了本章提到的許多問題。當我好不容易挑選了某樣食物，還會留戀那些沒嚐到的，不是因為結果不好，而是也許可以更好，我甚至為此指責自己。我到餐廳吃飯時也有「點餐障礙」，而這些糾結都稀釋掉我對自己所做選擇的滿足感。

你也許不挑食，卻會花好幾個月挑選一套心儀的音響。你也許不太在意穿著，卻會投注全副心力挑選一輛負擔得起的好車。有些人可能特別關心如何最大化投資收益，卻捨不得花錢買任何東西。事實上，人往往是在「特定領域」才會追求「最大化」或「知足」。沒有人在各方各面都是最大化者，但**每個人都會在某些層面表現出最大化傾向**。也許區分最大化者與知足者的方法，是看一個人依據「最大化」或「知足」原則來做決定的範圍與頻率。

這是個好消息，表示大多數人都能夠成為知足者。對於總是感覺自己被選擇淹沒的人來說，只要更頻繁地使用「知足」策略，放下對「最佳選項」的期待，日子就會更好過。

最大化與選擇困難

第1、2章討論的「選擇超載」對最大化者簡直是場惡夢，對知足者則不構成負擔——選擇增加反倒幫助他們找出符合標準的品項，而不是讓過程更麻煩，這是因為他們並不打算一一查看所有可能性。

我朋友的兩個女兒正好可以做為例子。

我朋友跟他太太在大女兒進入青春期時，經歷了父母跟青少年之間典型的權力爭奪。衝突大多圍繞在買衣服上，大女兒很注重時尚，喜歡昂貴的服飾，而且對於「需要」抱有跟父母不同的看法。朋友夫妻為了避免超支，想出一個點子：給女兒一筆合理的治裝費讓她自己規畫這筆錢要怎麼花。自此他們不用再為買衣服的事跟大女兒吵架，能把時間放在其他在青春期更重要的事上。

由於這招很管用，夫婦兩人於是對小女兒也用這招。不過兩個女兒的個性截然不同，大女兒是知足者，小女兒是最大化者（至少在衣服方面）。這表示，大女兒可以依據治裝預算隨心所欲地購買自己喜歡的服飾，並且不會再留意更好的款式。但花這筆錢對小女兒來說可不簡單，每次逛街都很苦惱，東挑西挑不知道該買哪件衣服才好，買了又怕兩個月後如果退流行會後悔。同樣的自由度對小女兒來說不見得好，使得做決定更加困難。我猜想小女兒並不後悔擁有自主決定權，但「服裝自由」帶給她的煩惱卻多過開心。

沒有最好，只有「夠」好

既然最大化的缺點如此明顯，優點卻少之又少，為何還要追求最大化？可能的解釋有兩種，第一種是：最大化者對於自己有這樣的傾向沒有自覺。他們也許會發現自己難以做決定、害怕後悔，而且總是無法從自己的選擇中持續獲得滿足，但是卻沒有察覺問題出在哪。

第二種是對地位的關注。人類自古以來都過著群居生活，在意地位階級也是天經地義的事。不過到了現代，對地位的關注以一種新的形式呈現。在全球電信和全球意識時代，只有達到「最好」才能在激烈競爭中勝出。隨著生活更加富足、物質主義盛行，再加上高超的行銷技巧和驚人的選擇量，對地位的關注似乎不可避免地演變成一場追求卓越品質的競賽。要成為最好的，唯一方法就是擁有最好的。

經濟學家赫希早在四十年前就指出，現代人對地位的關注還展現在另一個層面，即稀缺商品——不論是本質上具有稀缺性的商品，或價格部分取決於其稀缺性的商品。海濱土地不可能增加，哈佛大學的入學名額無法擴大，頂級醫療資源有限。郊區的房屋雖然可以增加，但必須蓋得更密集、或蓋在距離市中心較遠的地方，也因此降低了吸引力。科技革新讓一畝地能夠養活更多人，卻無法讓更多人擁有一畝地，好讓他們能夠居住在工作地點附近。赫希認為，當社會越富裕、基本物質需求越是獲得滿足，大家就越關注稀缺商品。如果你在爭奪稀缺商品，那麼只是「夠好」還不夠，只有最好、最大化才有競爭力。要進入哈佛，不能只是優秀而已，必須比其他所有優秀學生更厲害才行。[59]

因此，儘管有些人可能意識到最大化的壞處，卻迫於環境而不得不成為最大化者，他們也許更想活在壓力較小、不必拚命追求頂尖的世界，但還是得面對現實。

最大化者的形成

最後要探討的是，選擇激增是否會使人變成最大化者？根據我買牛仔褲的經驗，這完全是有可能的。就如我在第1章所述，在那次暈頭轉向的購物經驗之前，我其實不在意牛仔褲的款式，尤其不注重版型細節。直到我發現原來有各式各樣的款式，每樣款式又有各種版型和剪裁可選，突然間我開始在意了。雖然我沒有因此就變成「牛仔褲最大化者」，但確實被一股推力引導到這個方向，從此徹底改變了選擇牛仔褲的標準。

本章一直把「最大化」和「人面臨的選擇數量」當成兩個獨立的概念討論，彷彿世界提供了大量選項，而某種因素（目前仍未知）創造出最大化者，兩者碰在一起，導致人對自己的選擇不滿意。但「選擇」和「最大化」之間很可能不是互相獨立的，也許大量選擇會讓人變成最大化者，而如果這項假設成立，那麼選擇激增不只讓最大化者痛苦，還會把知足者變成最大化者。

在沒有實證資料之前，關於「大量選擇可能會使人變成最大化者」的說法都只是猜測。不過如果這是真的，那麼在選擇相對較少、較缺乏多樣性的國家，最大化者應該也比較少。查證這一點很重要，因為這表示只要減少生活各個層面的選擇數量，就可以降低最大化傾向。下一章就會提到有必要檢視這項假設的充分理由，例如研究比較了不同文化的人們的幸福感，發現「選擇機會」的多寡幾乎不影響人們對生活的滿意度。

第三部 抉擇的六個難處

現代人照理說更有條件做出好的選擇，結果卻不然。為什麼？從錯失良機、懊悔到比較等六個直覺偏誤，再理性的人也容易受影響。

第5章　選擇越多，越快樂？

自由和自主是影響幸福感的重要因素，而擁有選擇權正是實現自由和自主的關鍵。既然現代美國人擁有的選擇比其他任何族群都還要多，照理來說應該享有更多自由和自主權，可是在心理層面上，他們似乎沒有獲得更多收益。

選擇的要義

「選擇」在生活中具有明確而強大的工具價值：讓人獲得自己需要和想要的東西。雖然許多需求普世皆同，像是食物、住所、醫療照護、社會支持、教育……等等，但是要達到「心盛」（flourish）[3]所需的東西則是高度個人化的。我們都需要食物，但不見得需要名貴的智利海鱸；我們都需要住所，但不是每個人都需要家庭戲院、室內籃球場、六車位車庫。這些馬里布富豪擁有的豪華設施，對於喜歡待在佛蒙特州小屋、傍著爐火靜靜看書的人來說一點也不重要。「選擇」讓每個人得以在有限的經濟條件下，追求最能滿足自己喜好的事物和活動。你可以是素食主義者，我可以當肉食族；你可以聽嘻哈音樂，我可以聽國家公共廣播電台；你可以保持單身，我可以步入婚姻。當選擇受到某種形式的限制，人就會被剝奪追求自我價值的機會。

兩個多世紀前，哲學家和經濟學家亞當．斯密觀察到，當每個人都擁有選擇自由，社會商品的生產和分配就會達到最有效率的狀態。在不受政府干預的競爭市場中，企業家將竭盡所能地迎合消費者的需求和渴望，生產者和供應商會更彈性應變、不受限制，確切地提供消費者所期望的商品和服務。[60]

「選擇」不但有工具價值，還反映了更重要的表達價值。我們透過選擇來告訴世界「我是誰、我在乎什麼」，即使是比較表面的層次，例如穿衣風格，也都是有意地表達自己的品味，傳達特定訊息，像是「我是個嚴肅的人」、「我是個理性的人」、「我很有錢」，甚或「我愛怎麼穿就怎麼穿，才不管別人的眼光」。要表達自我，就要有足夠多的選擇。

生活各方面的選擇都是如此，我們吃的食物、開的車、住的房子、聽的音樂、讀的書、喜歡的興趣、捐助的慈善機構、參加的示威活動……等，每一個選擇不論它們重要與否，都具有表達功能。而且有些選擇可能只有表達功能，以投票為例，許多選民都明白，一張選票從來就不具有實質意義，不太可能影響結果（除了二〇〇〇年的美國大選），所以其實不值得大老遠跑去投票。但他們還是會去，為什麼？也許至少有部分是因為，投票可以表達自己的立場。這些選民認真看待自己的公民身分，盡責地履行自己的義務，而不認為政治自由是天上掉下來的、可以輕忽。有個例子可以清楚看出投票的表達功能：兩位美國政治學家在選舉當天還在歐洲，他們明知彼此支持不同的候選人，所以兩張選票會互相抵銷，卻還是一起開了三小時的車去投遞郵寄選票。[61]

我們所做的每一個選擇，都證明了我們的自主性和自決意識。[62]自柏拉圖以來，幾乎所有探討社會、道德、政治議題的西方哲學家或思想家，都高度重視這樣的自主性。每當選擇增加，就表示我們又有機會宣告自主權，展現自己的個性。

3 譯注：一種高度心理健康的狀態。達到心盛的個體會充滿幸福感、正向情緒，也具有生產力、創造力。

不過，只有當我們能夠自由選擇，選擇才具有表達功能。舉例來說，想想婚姻誓詞，「不論順境或逆境，富貴或貧困……我將永遠愛你、珍惜你，直到死亡將我們分開」，但如果你沒有權力解除婚姻關係，那麼這段誓言反映的並非你的個人意願，而是社會約束和規範。就算離婚合法，但是卻受到社會和宗教強力譴責，導致離婚者受人唾棄，那麼你的婚姻誓詞主要也是反映社會而不是你這個人。只有當你所在的社會對離婚抱持開放、包容態度，你對婚姻的承諾才是真正反映你個人的價值觀和品格。

自主權的價值已深植在我們的法律和道德體系中，它賦予我們權利，讓我們對自己和他人的行為負起道德（和法律）責任，它是我們得以讚揚個人成就和指責個人缺失的前提。如果不再尊重個人的自主性和自由意志，我們整個社會都將面臨價值觀和制度的混亂，變得面目全非。

我們不僅在政治、道德和社會層面仰賴自主權的概念，現在還知道心理健康也深受自主權影響。一九六〇年代，心理學家塞利格曼（Martin Seligman）帶領的一項實驗，讓三組經歷過不同情境的動物學習跳躍柵欄，以避開輕微電擊。A組動物先前沒有類似經驗，B組動物已經在其他情境學會如何躲避電擊，C組動物先前也經歷過類似情境，但無論做出任何反應都無法逃開電擊。結果正如塞利格曼等人所預期，B組學得比A組更快，牠們把其他情境的學習效應轉移到目前的實驗情境。值得關注的是，C組完全學不會，甚至根本就放**棄嘗試**，只是默默地接受電擊，直到研究人員不忍心而結束實驗。[62]

塞利格曼等人認為，C組動物已經從「無法逃避電擊」的經驗中學到：不管怎麼做都無法改變現況，無力掌控自己的命運。牠們跟B組一樣，將先前的學習經驗應用在跳柵欄的實驗情境，只不過牠們學到的是無助，即「習得無助」（learned helplessness）。[63]

塞利格曼提出的「習得無助」在各個心理學領域激起漣漪，數百項研究皆證實了，我們會從經驗中學到自己無法控制局面。而一旦學到這點，後果將不堪設想。習得無助會讓人失去嘗試動機，無法判斷自己是否能夠掌控新情境，此外還會降低免疫功能，導致生病機率增加，在特定情況下甚至會罹患嚴重憂鬱症。因此可以說，**有能力掌控所處環境，並且意識到自己擁有這樣的能力，是維持基本身心健康的大前提**。

現在來想想「無助感」和「選擇」的關係。在某個情境下有所選擇，就表示能夠掌控整個局面，那麼就不會感到無助。只有在毫無選擇的情況下，才會產生無助感。因此，「選擇」除了能帶來**工具效益**（得到自己想要的東西）和**表達效益**（展現自我），還有重大的**心理效益**（讓人能夠積極、有效地投入生活）。

乍看之下，這似乎意味著選擇的機會越多越好，而既然美國社會已經做到這點，想必美國人應該很少產生無助感。然而，民意調查專家哈里斯（Louis Harris）在一九六六年和一九八六年各做了一項調查，詢問受訪者是否同意一系列陳述，像是「我覺得自己跟世界格格不入」或「我的想法已經不再重要」。在一九六六年，只有九％受訪者覺得自己跟世界格格不入，三六％的人認為自己的想法不重要，而到了一九八六年，這兩項數據分別增加到三七％和六〇％。[64]

看來選擇變多並沒有讓人感覺更好，這樣的矛盾現象有兩種可能解釋。第一：由於人在選擇和控制方面的體驗更加廣泛且深入，對選擇和控制的期待也會跟著提高。隨著自主權的枷鎖一個個被打破，剩下的障礙卻更加令人不安，就像賽道上的賽狗跑得再快，也追不上前面的機械兔，人不論實際上擁有多大的自主權，永遠也滿足不了對控制的渴望和期待。

第二：更多選擇不代表擁有更多掌控權。選擇無止盡地變多，非但沒有給予人更多的掌控感，反而讓人無所適從。如果我們認為自己無法做出明智的選擇，那就算選擇再多也不是好事。如第2章提過的調查，詢問人們萬一罹癌，是否希望自主決定療法：大部分的人都回答「是」，但是真正得了癌症的患者卻回答「否」。真實情況時常不如我們所想像的有吸引力，而在攸關生死的事上，做選擇造成了沉重的壓力。

因此，選擇的確帶來不少好處，但科學家和一般民眾都錯誤地認為，既然擁有「一些」選擇是好事，想必選擇**越多**就越好。然而「選擇過多」效應告訴我們，更多選擇並沒有讓生活變得更幸福快樂。

是否存在一個剛剛好的選擇數量，使我們能夠在不付出代價的情況下獲得好處？出乎意料的是，這方面的研究並不多。曾有研究者做了一項實驗，在桌上擺了各種款式的筆，每支售價皆為一美元，兜售對象為學生。[65]在研究者的操弄下，桌上有時只有幾種選擇，有時多達二十種。最後發現，當人們面對八至十種選擇時，購買頻率最高。因為選擇太少就挑不到喜歡的筆，而選擇太多又會不知所措而無法抉擇。那麼，我們是否能據此結果推估，在任何需要做決定的事情上，選項的理想數量落在十左右？絕非如此。這視領域而定，有的選擇越多越好，而有的則不要太多。也有在同一個領域，有些人希望選擇多一點，也有些人希望選擇少一點。而且證據表明，當人們確切知道自己要的是什麼，選擇再多也不成問題，因為如果有大量選擇，就更容易找到自己想要的東西，但是如果選擇有限，通常就比較難滿足自己的需求。[66]

要享有選擇的好處，又不被選擇淹沒，就必須學會取捨，把精力集中在真正重要的決定上，就算可能因此而錯過其他機會。決定何時該做選擇，何時該放棄選擇的機會，或許正是我們需要做的最重要的選擇。

幸福的一般定義及社會實證

數十年來，各國研究者不斷試圖評估人的幸福快樂程度，部分是為了找出影響幸福快樂的因素，部分是為了衡量社會的進步情形。關於幸福快樂的研究通常是以問卷調查的方式進行，透過詢問一系列問題，來衡量受訪者的幸福快樂程度，或稱之為「主觀幸福感」。[67]例如表3「生活滿意度量表」（Satisfaction with Life Scale, SWLS）[68]，受訪者要在七點量尺上選出自己對每項陳述的同意程度，最後得到的總分就是主觀幸福感的衡量指標。

近年來，研究者綜合填寫量表等多種方式，讓受訪者評量幸福感，包括讓受訪者隨身攜帶小型手持電腦，電腦會定期發出嗶聲，這時受訪者就要回答螢幕上顯示的一系列問題。這種方式稱為「經驗抽樣法」（experience sampling method），好處是可以評估受訪者當下的情緒狀態，可避免人們在回憶過去感受的常見偏誤。經驗抽樣法的評估時間會持續數天、數週，甚至數個月，最後計算總分。研究者藉由這項技術發現，受訪者當下的回答跟他們在生活滿意度量表上的回答有相當高的一致性，因此我們有理由認為問卷調查確實反映了人們對生活的感受。

關於幸福感的調查，一個不意外的結論是：富裕國家的人民比貧窮國家的人民更快

表3：生活滿意度量表

1. 大致上，我的生活接近理想狀態。
2. 我的生活過得很好。
3. 我很滿意自己的生活。
4. 到目前為止，我已經擁有生命中的重要事物。
5. 如果人生重來，我幾乎不會想改變任何事情。

資料來源：勞倫斯．厄爾邦協會（Lawrence Erlbaum Associates）

樂。顯然錢很重要，不過這些調查也顯示，錢並沒有大家想像的那麼萬能。[69]當一個國家的人均財富從貧窮上升到足以維持基本生活水準的程度，繼續增加國家財富並不會提升人民的幸福感。舉例來說，雖然日本人的平均收入約為波蘭人的十倍，但兩個國家人民的快樂程度不相上下；而在經濟程度相當的國家中，波蘭人比匈牙利人更快樂，冰島人比美國人更快樂。[70]

除了考察不同國家在同一時期的幸福指數，比較同一國家在不同時期的幸福指數也得到類似結果。自一九六〇年至二〇〇〇年，美國的人均所得增加了一倍以上（已排除通膨因素），家中有洗碗機的比例由九％增加到五〇％，有烘衣機的比例由二〇％增加到七〇％，有裝空調的比例由一五％增加到七三％，這表示美國人變得更快樂嗎？一點也不。更令人驚訝的是，日本的人均財富在四十年內成長了四倍，但個人的幸福快樂程度卻沒有顯著提升。

假如金錢無法讓人更快樂，那什麼才辦得到？最重要的因素似乎是「緊密的社會關係」。已婚、擁有知心好友或跟家人親近的人，比沒有這些社會關係的人更快樂，加入宗教團體的人也比沒有宗教歸屬的人更快樂。看來，如果想要提升幸福感，跟他人形成連結似乎比累積財富更重要。不過還是不能貿然推論其中的因果關係，雖然社交連結確實和幸福快樂有關，但哪個是因、哪個是果，目前還無法確定。一般而言，比起快樂的人，總是愁眉苦臉的人較不容易擁有親密好友、溫馨家庭或持久婚姻。所以也可能是先有幸福快樂，然後才有親密的人際關係。在我看來，兩者應該是互為因果：**快樂的人容易吸引別人，而跟人結伴也會帶來快樂**。

在討論「選擇」和「自主權」的關係時，同樣必須注意的是，社會關係在許多方面其實會減少自由、選擇和自主權。例如，婚姻是對特定對象的承諾，從而限制了選擇其他性伴侶、甚至情感伴侶的自由；真摯的友誼也是種羈絆，成為某人的朋友就要承擔相應的責任和義務，有時會限制了自己的自由。家庭關係顯然也是如此。同樣地，參與宗教團體在很大程度上也會帶來束縛，大多數宗教組織都會呼籲信徒遵守特定生活方式，並為其他教友的福祉負責。看來，最能帶來幸福快樂的東西其實束縛了我們，而不是解放我們。前述觀點似乎違反直覺，畢竟大家普遍認為擁有選擇自由才能獲得滿足，兩者是否有點矛盾？

有兩本書就是在探討這樣的矛盾現象，其中一本是心理學家邁爾斯（David Myers）的著作，《美國悖論》（*The American Paradox*），另一本是政治學家連恩（Robert Lane）所寫的《市場民主下，人們流失的幸福》（*The Loss of Happiness in Market Democracies*）。兩本書都指出，物質富饒並沒有相應提升主觀幸福感，事實上，現代人的幸福程度正明顯下降中。正如邁爾斯所述，美國在一九六〇年到二〇〇〇年之間，離婚率增加了一倍，青少年自殺率增加了兩倍，登記在案的暴力犯罪事件增加三倍，監獄人口增加四倍，未婚生子的比率增加五倍，婚前同居（預測離婚的有效指標）的比率增加六倍，這些數據清楚表明了幸福感並沒有提升。連恩則指出，重度憂鬱症的發病率在過去三個世代以來增加了兩倍多，而二〇〇〇年罹患重度憂鬱症的人口是一九〇〇年的十倍左右。上述情形都會引發或造成更大壓力，而壓力又反過來造成高血壓、心臟病、免疫力下降等生理問題，以及焦慮和怨恨等心理問題。

不過，正如連恩簡單明瞭地指出，除了其他導致現代人不快樂的因素之外[71]：

我們面臨太多選擇，卻不在乎可能產生的負荷……並且跳脫傳統束縛，更著重於發現或創造自我，而不接受既有的身分。

憂鬱症增加的現象特別值得關注，第10章將深入探討這一問題，不過這裡要先提出一個重要的矛盾現象。本章開頭曾提到塞利格曼的「習得無助」研究，以及習得無助和憂鬱症的關係，該研究明確指出，人越有能力掌控環境，就越不會感到無助，因此越不容易憂鬱；而在現代社會，人擁有的選擇和掌控權比以往任何時候都更多。綜合前述兩點，似乎可以合理預期憂鬱症會像小兒痲痺一樣消失，因為自主權和選擇就是憂鬱症的心理疫苗。但現實情況正好相反，我們正經歷一場憂鬱症大流行。那麼，塞利格曼關於無助和憂鬱的理論錯了嗎？我不認為，許多有力證據都支持他的理論。還是說，擁有選擇自由並不像傳說中的那麼美好？

連恩在書中提到，現代人為日益增長的財富和自由所付出的代價，就是犧牲掉社會關係的質與量。我們賺得更多、花得更兇，但是跟家人和朋友相處的時間卻更少了。[72]超過四分之一的美國人感到寂寞，並不是因為孤獨，而是缺乏親密感。我們越來越少拜訪鄰居、探望父母，更不用說跟親戚聯絡感情，而這樣的現象再次增加了選擇負擔，正如連恩寫道：「從前由社區和工作環境所給予的，如今則必須靠自己努力獲得；像是主動結交朋友、積極經營家庭生活。」[73]換句話說，社會關係已不再是我們與生俱有的優勢，而是一連串刻意而繁重的選擇。

一生時間的壓力

經營社交關係需要投入時間。第一、形成緊密的連結要花時間，我們必須深入了解對方，才能產生真正的友誼或發展戀愛關係，只有在好萊塢電影中才可能毫不費力地迅速發展這些情誼。而相較於點頭之交，親密的依戀關係才是人們最想要、也最需要的社交形式。第二、建立深厚情誼之後，還要花時間維繫。家人、朋友或教友有需要時，我們必須適時協助。關係中出現分歧和衝突時，我們必須積極面對和處理。朋友和家人的需求並不會配合我們的時間表，也無法事先記在行事曆上，而是會無預期地出現，所以我們必須隨時空出時間來回應他們的需求。

但是誰有這樣的閒功夫，可以在日常行程中保有彈性和空間，隨時等候親朋好友差遣，而不會感到巨大的壓力或力不從心？[74]至少我絕對辦不到。時間是最稀缺的資源，奇怪的是，即使各種「節省時間」的科技產品紛紛問世，時間壓力卻不減反增。再強調我的觀點：造成時間負擔的主要原因是選擇太多，無論收集資訊、做決定、反覆評估，還是後悔都比以往更費時。要訂最愛的義大利餐廳，還是新開的小酒館？要租湖邊度假小屋，還是去托斯卡尼冒險？該重新貸款嗎？該換一家網速更快的電信公司嗎？該調整投資組合嗎？要不要換個醫療險？要不要換一張優惠更多的信用卡？要不要試試新的草本治療法？正是花在選擇上的時間，剝奪了我們當個好朋友、好伴侶、好父母、好教友的時間。

自由與承諾的拉扯

建立和維持重要的社會關係必然會受到相應的限制或束縛，即使不滿意那段關係。一旦我們對別人許下承諾，就失去了選擇的機會。經濟學家和歷史學家赫緒曼（Albert Hirschman）在其著作《叛離、抗議與忠誠》（*Exit, Voice, and Loyalty*）中指出，人在不開心時通常會出現兩種典型反應：一、**離開**那個情境。二、發起抗議並**表達**擔憂的事。在消費市場上，「離開」是最常見的反應，如果一家餐館令人失望，就換另一家；原本最愛的麥片漲價了，就換個牌子；最喜歡的旅遊景點人滿為患，就另覓他處。自由市場的主要優點之一，就是讓人有機會藉由「離開」來表達不滿。[75]

社會關係就不同了。我們不能像拋棄曾經喜歡的餐館、麥片和旅遊景點般，拋棄自己的伴侶、朋友或社群成員，如果這樣對待別人，說好聽點，是不得體，說難聽點，會惡有惡報。不過，我們通常會**表達**自己的不愉快，並期望另一半、朋友或社群成員會因此而改變。即使這些努力都不奏效，還是必須繼續嘗試，離開或放棄是最不得已的選擇。

大多數人都會發現很難在「自由選擇」跟「忠誠承諾」之間取得平衡。**每個人都需要找到自己的平衡點**，重視選擇和行動自由的人最好避免與人深交，重視穩定和忠誠的人就要用心建立並經營自己的人際關係，然而許多人卻把這兩種社交參與模式混合在一起。我們經常無法順利建立自己想要的社會生活，但我們會覺得只能怪自己。

社會制度可以透過設立規則來減輕我們在這方面的負擔，這些規則雖然可以改變，但不允許人們隨意違反。如果生活中有更清楚的「遊戲規則」，即明確規定我們該將多少時間花在自己身上，以及對家人、朋友和社群該盡哪些義務，那麼做決定的重擔就會減輕不少。

然而，接受社會制度所施加的規則的代價，就是個人自由會受限，這樣值得嗎？允許每個個體回答這個問題的社會已經給出答案——既然提供了選擇，就表示它投自由一票。不允許每個個體回答這個問題的社會也給出了答案——投限制一票。不過，如果毫無限制的自由會阻礙個體追求自己最看重的東西，那麼加諸一些限制或許會讓每個人都受益。如果有時「限制」會帶來解放，而「自由」會造成囚禁，那麼人們應該明智地尋求適度的限制。

二級決定：簡化選擇的方法

要減輕選擇帶來的負擔，有種方法是「決定何時要做決定」，亦即桑斯坦（Cass Sunstein）和烏爾曼—瑪格麗特（Edna Ullmann-Margalit）提出的「二級決定」（second-order decision）。[76]比方說，依照原則來做決定。假如你決定遵守繫安全帶的規定，不管去哪都會照做，而不會煩惱只是去一英里遠的超市是否還需要繫安全帶。如果你立下絕不出軌的原則，就會避開無數令人痛苦的誘惑。當然，能不能自律地堅守原則是另一回事，不過可以確定的是，當你坐上車或參加雞尾酒會，照原則走可以省去許多做選擇的麻煩。

「預設」（presumption）沒有原則那麼嚴格，它就像電腦應用程式的預設值，當我把文件檔的字型預設為「新細明體，十二號字體」，就不用每次都花腦筋思考這件事。偶爾在一些特殊情形下，譬如準備在大講堂播放的投影片，我就會更改字型。不過在九九．九％的時間裡，我都不用做決定。

「標準」又比預設和原則更寬鬆。當我們設立一個標準，其實就是將選擇分為兩類：符合標準的選項，以及不符合標準的選項。所以在必須做決定時，只要考慮符合標準的選項即可。第4章提過，決定某樣東西是否夠好（知足），要比決定某樣東西是否最好（最大化）還要容易，尤其當我們把標準轉化為慣例或習慣，就會更輕鬆，只要決定一找到符合標準的事物之後就不再三心二意，基本上就大幅縮小了需要抉擇的範圍。友誼通常是靠「標準」和「習慣」來維持，我們被符合自己標準（聰明、善良、真誠、幽默、有個性）的人給吸引，然後跟他們保持聯繫，就不需要每天決定是否要維持這段友誼，而是自然而然地這麼做。我們也不會問自己是跟瑪麗當朋友比較好，還是跟珍的友誼比較有收穫，畢竟世界上有無數個「瑪麗」，如果真的問自己這種問題，就得不斷抉擇是否要繼續跟對方當朋友。

因此，運用「原則」、「標準」和「習慣」來約束自己、限制做決定的數量，就能更妥善地管理生活，讓我們有更多時間專心地跟別人相處，也有餘裕去處理一些無法避免或不想迴避的重要決定。儘管每個二級決定都有其代價，可能會讓我們錯過其他更好的機會，但是如果少了這些決策，我們根本無法應付日常的種種挑戰。

在二十世紀初，生物學家魏克斯庫爾（Jacob von Uexküll）觀察到，演化讓生物的感知和行為能力更切合生存需求。[77]他指出「安全比富裕更重要」，換句話說，野外的松鼠並不像決定在森林中散步的人類擁有「豐富的經驗和選擇」，但松鼠擁有的是「安全意識」，所以會注意到最重要的事物，也知道如何做才能生存，因為其生物機制對選擇範圍設下必要的限制，幫助生物辨識食物、配偶、獵食者和其他危險，並提供一套適當的行為模式，讓生物能夠獲得真正需要的東西。對人類而言，這樣的限制通常來自社會文化。有些文化存在過多的壓迫性限制，而有些文化（例如美國的消費文化）數十年來一直致力於擺脫各種限制，不過正如我一開始就指出的，選擇的兩個極端（即過多和過少選擇）都會造成壓迫。

渴望，未必喜歡

由於我們高度重視自主權和選擇自由，因此有人可能認為擁有它們會更快樂。一般來說，我們渴望的東西就是我們喜歡的東西，也就是能帶來快樂的事物。

但許多有力證據表明，「渴望」（wanting）和「喜歡」（liking）基本上是由不同的大腦系統控制，兩個系統經常相輔相成，但也會分開運作。[78]藥物成癮者使用毒品達到某個程度後，就無法再從中獲得愉悅感，但還是會極度「渴望」毒品（這就是成癮的定義）。同樣，刺激老鼠的某些腦區，會引發牠們對食物的「渴望」，即使牠們在進食時並沒有表現出「喜歡」這些食物的跡象。所以在某些情況下，「渴望」和「喜歡」是可以分開的，就像我們原本預期自己會喜歡的東西，最後經常跟實際做的選擇不一致。

前面提過，六五%的健康受訪者表示，如果罹患癌症，希望能夠自己決定治療方式。然而在真正罹癌的病人之中，卻有八八%不想要自己做決定。顯然，人總是認為自己想要有所選擇，然而一旦真正擁有選擇權，卻發現那並不是自己真正想要的。與此同時，我們在生活各個層面需要做的選擇越來越多，這造成了更大的壓力與煩惱，而我們卻沒意識到這點。

第6章 錯失的機會

寒冷的二月，街道上堆滿厚厚積雪，安琪拉每天在昏暗的天色中通勤上下班，幸好還有夏日假期可以期待，支撐她度過漫長冬季。

安琪拉正在考慮兩個行程：到加州北部旅遊，或是到科德角（Cape Cod）的海濱別墅住一週。她該如何決定？首先，她可以想想自己最重視什麼。她欣賞大自然的壯麗，所以目的地一定要有漂亮風景；她喜歡戶外活動，但是討厭炎熱和潮濕的天氣，所以要找個氣候宜人的地方；她喜歡綿延不絕、遠離塵囂的海岸，也熱愛美食和繁華的夜生活，雖然樂於觀察人群和逛街，但又討厭擁擠的人潮；她喜歡運動，但有時也喜歡悠閒地躺在椅子上看書，度過一整個下午。

那麼，安琪拉該如何選擇？她必須進一步評估各個喜好的重要性，例如：舒適的天氣是否比熱鬧的夜生活更重要？接著再比較北加州和科德角在各方面的表現。如果其中一個選項在各方面都符合安琪拉的條件，做決定就簡單多了。不過更常發生的情形是，兩個選項都各有優劣，所以必須取捨。無論如何，只要列出自己的喜好，並確認各個喜好的重要性，再綜合評估哪個選項最符合自己的需求，最後就能做出決定。

假設情形變得更複雜，有個朋友建議安琪拉去佛蒙特州某個小鎮度假，這樣她就可以去山上健行，或是在湖中游泳，那裡還有很多藝文活動、美食餐廳，而且白天溫暖乾燥，晚上涼爽舒適。不但如此，小鎮就在柏靈頓附近，那裡的夜生活很精彩。安琪拉的朋友更說，他們的幾個朋友在那個小鎮有度假屋，可以相聚。安琪拉當初沒想到這點，所以現在要把它列進「條件清單」中。她還要重新評估前兩個地點的吸引力，因為比起涼爽、晴朗的佛蒙特州，科德角的天氣就略顯遜色，所以會扣個一、兩分。

另外，跟朋友相聚的點子也讓安琪拉有了新想法。安琪拉和孩子分隔兩地，因此非常想念他們。與其跟朋友歡聚，不如索性跟家人共度假期。也許她可以找個離孩子近一點的度假地點，有美景、美食、舒適的天氣，和迷人的夜生活，又或者孩子們會想跟她一起到某個地方度假。新的可能性浮現之後，安琪拉又在條件清單中加入一項：跟孩子們相聚。

顯然，任何選項都無法完全滿足安琪拉的需求，她必須捨棄某些條件才行。

麥可是個才華洋溢的大四學生，正在考慮兩個工作機會，工作A的起薪高，除了晉升機會有限之外，福利保障和工作環境都很不錯；工作B的起薪較低，卻有非常好的晉升機會，但福利普通，工作氣氛相對較嚴肅，且階級分明。

正當麥可猶豫不決，工作C出現了，地點在令人興奮的大城市。工作地點的問題原本不在麥可的考慮範圍，現在突然變得相當重要。工作A和工作B的地點是否勝過工作C？如果要去那座吸引人的大城市工作，他願意犧牲多少薪水、福利……等代價？

接下來，情形又更複雜了，另一份工作的地點離家裡很近，還可以常常看到老朋友，這也是麥可之前沒考量過的因素，對他來說有多重要呢？後來，麥可的女朋友在工作A的所在城市找到非常好的工作，麥可應該給這個因素多大的權重？他對這段感情有多認真？

麥可在抉擇之前，必須先回答幾個艱難的問題：是否要為了晉升機會而放棄高薪？是否要為了更吸引人的工作地點，而放棄較好的工作條件？是否要為了家人而放棄以上好處？還是要不顧一切地跟女友待在同一座城市？

選擇多的壞處之一，就是每增加一個新選項就得多做一次取捨，進而造成心理負擔。當我們必須取捨，對既有選項的看法就會隨之改變，更重要的是，也會較不滿意最後做的決定。

心理上的機會成本

經濟學家認為，每一個選項都無法單獨評估，因為任何選項的成本都包含「放棄其他選項所提供的機會」，也就是所謂的「機會成本」。到科德角海灘度假就表示無法享用加州的美食餐廳，選擇跟伴侶在同一座城市工作就表示放棄常常跟家人相聚的機會。人所做的每一個選擇都包含機會成本。

不考慮機會成本可能一不小心就誤入歧途。我常聽到人們決定買房的理由是不想替房東養房，他們認為付房貸是一種投資，而付租金只是把錢丟到水裡。這種思考邏輯雖然合理，但還不夠周全。大多數買房的人會想：「我繳了五萬美元的頭期款之後，其餘每個月的開支，包括房貸、稅金、保險和水電費，加起來其實跟租金差不多，就等於投資了五萬美元，接下來每個月的開銷都是在為自己累積資產，而不是幫房東存錢。就算賣掉房子，利潤也一定高於五萬美元。」

擁有自己的房子無疑是明智的投資，但是人們卻忽略了用五萬美元買房的機會成本。除了買房，這筆錢還可以投資股票和公債，或是修一個法律學位、進而增加收入，或者環遊世界，然後寫一本小說，說不定就此改變一生。有些選項比其他選項更可行，至於每個決定是否明智，則取決於個人的人生目標和時機點。十年前，投資房地產似乎比買股票更有保障（因為房地產一直漲），但隨後就發生房市泡沫危機。而在二十幾年前（即一九九六年）美國股市飆漲前夕，如果用五萬美元投資正確的科技股，並在高點及時賣出，就有機會大賺一筆。關鍵在於，即使是看似理所當然的決定，也會因為放棄其他選擇而帶來隱性成本。考量機會成本也許不會讓你改變心意，但你將更全面地了解你所做的決定會有哪些後果和影響。

根據經濟學的假設，當你做了決定，只有第二順位選項才是該決定所需考量的機會成本。比方說，假設你正在計畫下週六晚上的行程，並按照喜好程度將各個活動排序如下：

1. 去高檔餐廳吃大餐。
2. 簡單吃點東西，然後去看電影。
3. 去爵士樂酒吧聽音樂。
4. 跳舞。
5. 邀請幾個朋友到家裡聚餐。
6. 看棒球比賽。

如果你選擇吃大餐，「成本」就是一頓飯錢，以及失去看電影的機會。按照經濟學家的說法，「成本帳目」應該計算到這裡就好，這也是做了決定之後調控心情的好方法：只要考量放棄「第二順位選項」的損失，不需要為了放棄順位更後面的選項而難過，因為你本來就不會選擇那些選項。

不過這實在很難做到，因為每個選項都各有優點，如果從各個層面衡量而非整體評估，要區分出第二順位（甚至是第一）實際上很難。所以對你來說，看電影可能是刺激思考的最好方式，聽爵士樂也許最讓人放鬆，跳舞可能是最愉快的休閒運動，看球賽也許最能舒壓，跟好友在家聚餐可能是聯絡感情的最佳方法。雖然整體上可能只有一個「第二順位選項」，但你放棄的其他每個選項都各自有非常吸引人的優點，因此當你選擇吃大餐，就意味著放棄刺激思考、放鬆、休閒運動、舒壓、跟朋友聯絡感情的機會。在心理層面上，當你選擇了第一順位選項，就代表你放棄了其他所有選項相應的機會。

假設「錯失的機會」會降低第一順位選項的整體吸引力，而且每放棄一個選項就會經歷一次機會成本，那麼當選項越多，心理上的機會成本就會越高，對決定的滿意度越低。

為何沒有一份工作同時具備高薪、有晉升機會、工作環境友善……等條件，而且所在城市不但吸引人又離家近，也能讓另一半找到合適的工作機會？為何沒有一個度假地點既可以享受海灘、美食和逛街的樂趣，又可以欣賞美麗的風景？為何沒有一個活動兼具刺激思考、放鬆、活動筋骨以及跟朋友聯絡感情的功能？選項眾多更讓人誤以為完美選項——結合了所有既有選項的優點的選項是存在的。對這樣的幻想越信以為真，就會越不滿意最後的選擇。再一次證實了，選擇越多反而讓人越不快樂。

當然如果有客觀基準幫我們挑出最棒的度假地點、最好的工作、或周末的最佳去處，那麼增加選項只會讓生活更美好，因為任何新選項都可能是最好的選擇。但這樣的客觀衡量標準並不存在，說到底，最重要的還是人的**主觀**體驗。而且，當選項多到某個程度，繼續增加選項就會降低我們的主觀滿意度，反而讓我們感覺更糟。

滿手好選項的困境

心理學家已針對「取捨」進行了一系列研究，在這類研究中，受試者必須根據價格等特徵，模擬真實的決策過程，例如買車、租屋或找工作。在研究者的設計下，受試者面對每一個選項都得取捨，比方說，考慮要買哪一輛車時，某款車的外型較拉風，但安全性能較差；決定要租哪棟公寓時，某間房子較寬敞，但交通較不方便。[79]

一項研究向受試者提供下列訊息，「A車定價兩萬五千美元，安全係數八（滿分為十），B車安全係數六」，並詢問B車的定價應該為多少，才會跟A車一樣有吸引力？在這個情況，受試者必須在安全性和價格之間取捨，衡量每增加一個安全係數的價值是多少錢。例如，假設受試者回答B車只值一萬美元，顯然他相當重視A車多出的安全係數；而如果回答B車值兩萬兩千美元，就表示比較不看重A車的安全性。受試者輕易就完成了估價的任務。

接下來，受試者要進行第二項任務：在A車和B車之間做選擇（A車定價兩萬五千美元，安全係數八；B車為受試者剛才自定的價格，安全係數六）。也就是說，在具有同等吸引力的A車和B車之間，受試者會如何選擇？

既然兩個選項勢均力敵，你也許猜想有半數受試者會選擇較安全但較貴的A車，另外半數則會選擇較不安全但較便宜的B車。但事實並非如此，大部分受試者都選擇安全係數較高、價格也較昂貴的A車。看來，人們在必須選擇時，通常都不願意為了省錢而犧牲安全，並且表現出很重視安全、不在乎價格的樣子。受試者的最後選擇顯然跟他們在估價時的反應不同，如果很看重安全性，一開始就應該把B車的價格定得非常低，但他們並沒有這樣做。所以人們並非認為安全不能「用金錢衡量」，而是在面臨抉擇時，不願意接受自己當初為安全訂定的價格。

雖然受試者並非真的要買車，但仍然經歷了明顯的負面情緒。如果可以，他們寧可不用做決定。因此研究者的結論是：**人在做決定時如果必須取捨，就會備受煎熬，並且游移不決。**[80]

這樣的心情並不難理解，想像一下你為了省五千美元，而選擇較不安全的汽車，後來遇上嚴重車禍，導致重要的人受重傷，你能原諒自己嗎？你當然會覺得安全至上，不願意為了錢而犧牲生命安全。不過你可能會說這是極端的特例。

其實不然，這類研究顯示，受試者大都不願意取捨，無關乎情境風險的風險高低。可見，任何必須權衡得失的情況都讓人不愉快，而且選擇增加就更明顯。

決策癱瘓

當必須取捨的決定一多，人通常會如何因應？一種方式就是拖延或逃避選擇。若你打算買新音響而前往量販店，你第一眼看到寫著「CD音響清倉大拍賣，只限今日」的特價告示，只要花九十九美元就可以買到時下流行的索尼（Sony）音響，再划算不過，你會直接買下它，還是繼續看其他品牌和型號？（情況一）

你接著又看到：頂級愛華（Aiwa）音響特價一百六十九美元。兩者都遠低於原價，你會二選一，還是先多看看再決定？（情況二）

研究者進行上述實驗之後，發現了有趣的結果：在第一種情況下，六六%的人會直接購買索尼音響，三四%會繼續考慮。而在第二種情況，二七%的人會買索尼，二七%會買愛華，四六%會繼續考慮。我們從中知道：出現一個吸引人的選項時，有三分之二的人願意購買它；然而同時有兩個吸引人的選項時，卻只有略多於半數的人做出決定。**加入第二個選項會引發糾結，迫使人必須在價格和品質之間取捨**，所以若沒有強烈誘因，消費者就會乾脆都不買，因而錯過優惠。由於第二個選項讓人產生矛盾糾結的心態，做選擇就變得更困難。[81]

事實上，消費者需要正當的理由，來合理化自己的選擇，如接下來要描述的第三種情況。假設同樣是一日促銷活動，特價商品為九十九美元的索尼音響，以及一百零五美元的低階愛華音響，在這種情況下，新增的選項並不會讓人糾結，因為索尼音響比愛華音響好，**而且**在特價中。結果不出所料，幾乎沒有人選擇愛華音響。有趣的是，選擇索尼音響的有七三%，高於第一種情況（只有一個選項）的六六%。這告訴我們，如果商品與明顯較差的選項並列，可縮短消費者的決定過程，較遜色的愛華襯托出索尼的好，然而唯有當考量店內其他數十種品牌和型號的音響，才可能客觀地證明第一選項的優勢。不過，儘管第二選項在各方面都比不上第一選項，它還是可以提供一個定錨點或比較基準，增加了選擇第一選項的合理性（見第3章），讓消費者認為索尼音響真的很物美價廉。人在難以取捨的情況下，由於無法為自己的選擇找到合理的理由，就會拖延決定；反之，在輕易就能取捨的情況下，合理化自己的選擇就容易得多；而只有一個選項時，人的反應就介於前述二者之間。

當人產生矛盾糾結的心態，就會逃避選擇，就算只是面對微不足道、風險很低的小決定。一項研究告知受試者只要填完幾份問卷，就能獲得一．五美元的酬勞。不過在完成問卷後，研究者卻給受試者一支精美的鋼珠筆，並告知這支筆價值兩美元，結果有七五%受試者選擇鋼珠筆。在第二種情境，受試者可以選擇拿一．五美元、鋼珠筆，或兩支簽字筆（同樣價值二美元），結果選擇筆（不論鋼珠筆或簽字筆）的受試者不到五〇%。也就是說，新增的選項引發了糾結，導致受試者難以在兩種筆之間做選擇，所以最後大多放棄選擇。為何新增兩支較廉價的簽字筆，會改變鋼珠筆相對於一．五美元的價值？既然在第一種情境有七五%的人認為得到鋼珠筆比得到一．五美元更划算，照理來說，在第二種情境應該也是如此。而且應該會有一些人認為拿到兩支簽字筆也很划算（同樣價值二美元），所以在有得選的情況，選擇筆的人應該會比選擇現金的人多才對。事實卻正好相反。

人在糾結的心態下會傾向逃避選擇，在更迫切的課題上也是。一項研究向A組醫生呈現一名退化性關節炎患者的病歷，然後詢問他們是否願意為該患者開一種新藥，或是要轉介給其他專科醫生。結果A組有近七五%的醫生選擇新藥。B組醫生則必須在兩種新藥以及轉診之間做選擇，卻只有五〇%選擇其中一種新藥，表示選擇轉診的醫生增加了一倍。建議病人轉診無疑是一種逃避選擇的方式。[82]

再來看另一個例子。研究者給A組國會議員看一家經營不善的公立醫院，並詢問是否應該關閉該醫院，結果有三分之二的議員同意關閉。B組議員也遇到類似情形，不過多了一個難題：有第二家經營不善的醫院陷入財務危機。當B組被問到應該關閉哪一家醫院（也可以選擇不表態），只有四分之一的議員決定要關閉其中一家。基於前述以及其他類似研究結果，研究者的結論是：人在選擇時若必須取捨，就會出現矛盾糾結的心態，因此對所有選項都興趣缺缺。

由於選擇過程的權衡取捨會引發不愉快情緒，所以人會緊抓住任何能夠幫助決定的東西。想想下列情境[83]：

假設你在一件棘手的離婚案件中擔任陪審員，必須決定獨生子的監護權要歸誰。考量經濟、社會和情感等因素之後，這起案件變得更加複雜，而你決定完全根據下列幾點觀察（見表4）來判斷。

你會把監護權判給誰？

面對上述情況，六四％的受訪者選擇將監護權交給家長B，因為家長A各方面表現平平，而家長B有兩項優勢和三項劣勢，大多數人都會覺得瑕不掩瑜。

但真的是這樣嗎？另一組受訪者得到完全相同的訊息，但問法略為不同，他們被問到「你不想把監護權判給誰？」，在負面描述的框架下，認為應該讓家長B撫養孩子的比例減少到五五％。

人在面對這樣的選擇難題時，就會開始找理由，以證明自己的決定是正確的。什麼理由呢？在第一種情況，他們尋找的是「接受」其中一名家長

表4：離婚雙方的各項條件

	家長A	家長B
收入	中等	中上
健康狀況	一般	略差
工作情況	工時正常	經常因公出差
跟孩子的關係	和諧	非常緊密
社交生活	相對平穩	相當活躍

的理由，而家長B正好提供了這樣的理由：高收入，而且跟孩子關係緊密。在第二種情況，他們尋找的則是「拒絕」其中一名家長的理由，家長B又恰好提供了這樣的理由：健康狀況不佳、經常出差、社交活動太多。受訪者會扣緊問題的形式（「認可」或「否定」），來引導自己該尋找何種理由，這種做法可以減少或避免糾結。如果你只需要關注負面條件，就用不著擔心該如何在正、負面條件之間取捨。

人之所以逃避選擇，不只決策衝突這一主因。假設你正在考慮要不要用年終獎金買台數位相機，一來可以後製修圖，二來傳照片也方便，這兩點都很吸引你。到底要不要花這筆錢？你想了一下，然後做出決定。接下來，假設你在考慮要不要用獎金買輛登山車，你喜歡騎單車運動，尤其是在你家附近的山區乘風而行。花這筆錢值得嗎？你想了一下，然後做出決定。現在，假設你在考慮要買數位相機**還是**登山車，兩個選項都各有益處（擁有另一個選項欠缺的優點），也各有損失（缺乏另一個選項具備的優點）。第三章提過，人往往**厭惡損失**，因此失去一百美元的痛苦遠大於獲得一百美元的快樂。這表示，當你拿數位相機和登山車來比較，無論哪個選項都會因此而變得不太理想。如果選擇數位相機，就會獲得數位攝影的好處和便利性，但是卻失去了在風景宜人的山林間騎行的機會。由於損失的影響比獲益大，所以數位相機跟登山車比較之後，就沒有一開始那麼吸引人了。反之亦然，登山車跟數位相機比較後也是如此。再次驗證了，做決定時如果不存在其他選項，對該決定的滿意度就會比較高，但如果被迫取捨，就會不滿意自己的最後選擇。

上述結論也被另一項研究證實，該研究訪問了一些人願意花多少錢訂閱時尚雜誌或購買經典電影光碟。研究者向A組受訪者展示的是單一雜誌或電影光碟，而向B組受訪者展示一系列雜誌或電影光碟（包含A組看到的商品）。結果幾乎一致發現，如果個別展示商品，受訪者就會願意花較多錢購買。然而當某本雜誌跟其他雜誌並列呈現，受訪者在比較過程中，就會發現每本雜誌帶來的收益和損失，而由於損失的影響大於收益，因此最後比較的結果就是對每本雜誌都產生負面評價。重點是，我們所考慮的選項通常會在跟其他選項相比的過程中大為失色。[84]

先有壞心情，還是先有壞決定？

幾乎所有人都認為權衡取捨有助於做出更明智的決定。我們希望醫生在給出治療建議前，先權衡各項利弊；投資顧問在提供投資建議前，先仔細衡量各種得失；《消費者報告》

在提出購買建議前，先評估各個產品的優缺點。我們只是不想自己取捨，因為思考錯失的機會以及相應的損失實在很不愉快。[85]

我們在揣摩取捨時所耗費的情緒成本，不但會導致我們不滿意自己的選擇，還會影響決策品質。大量證據顯示，負面情緒會造成注意力窄化，使我們只能關注一、兩個面向，可能就會因此忽略相當重要的部分。負面情緒也讓人分心，促使我們特別關注情緒，而無法專注在決策上。當決策風險提升，取捨過程就會引發更強烈的負面情緒，可能會嚴重損害我們的決策能力。

早在多年前，研究者已經發現負面情緒對於思考和決策的不良影響，而近期的證據更顯示，正面情緒會產生正面作用，亦即好心情會讓思路更清晰，能夠考慮更多可能性以及原本沒想到的面向，還能發現不起眼的訊息之間的微妙關聯。甚至只是送住院醫師糖果做為小禮物，也能提高他們的診斷效率和準確度。整體上，正面情緒讓我們能夠想得更周全、更加了解眼前的問題。[86]

這裡卻衍生了一個矛盾現象。人在心情好時擁有最佳的思考能力，而在最好的思考狀態下，才能夠妥善處理複雜決定，因為複雜決定都涉及多種選項、多重面向（例如「該做哪份工作？」），然而這類重大決定所引發的負面情緒，卻會損害決策所需的思考能力。

機會成本、利弊取捨及過量選擇

前面提過，當考量的選項變多，就意味著要放棄更多選項、損失更多機會成本，導致最後的選擇讓人更不滿意。這個重要因素解釋了，為何增加選項會降低主觀幸福感，由於我們一直掛念著所有考慮過、後來卻放棄的選項，那些被否定的選項就會稀釋掉我們從最終決定獲得的滿足感，導致我們失望。

有鑒於機會成本的負面影響會累加起來，有些人提出乾脆予以忽略，反正考量機會成本只是讓決策過程變得更複雜。不幸的是，如果不去了解其他選項的優點，就很難判斷某個選擇是否明智，無論找工作、安排假期，或做醫療決定都是如此。而一旦開始考慮其他選項，就會遇到機會成本的問題。很少有選項在各方面都明顯優於其他選項，「選擇」幾乎總是意味著放棄其他有價值的東西，所以考慮機會成本是做出明智選擇的必經步驟。訣竅在於，限制選項數量，以免機會成本不斷增加，導致所有選項都失去吸引力。

了解機會成本造成的累積負擔，可以幫助我們更理解第1章提到的研究結果，該研究在精品超市舉辦進口果醬試吃活動，並設計兩種情境，A情境有六種口味的果醬可以選擇，B情境則有二十四種口味，皆提供顧客任意試吃並贈送一美元折價券。結果B情境雖然較受歡迎，但顧客試吃的口味並沒有比A情境多，有趣的是，B情境的顧客實際買果醬的比例遠低於A情境。[87]

在另一項研究中，學生可以自行決定是否要寫報告來換取加分機會，A組學生有六個主題可以選，B組則有三十個主題可以選。結果A組學生交報告的比例更高，內容也更用心。

還有一項研究讓學生挑選想試吃的巧克力，並給予評價，最後可在現金或一小盒巧克力中擇一當作酬勞。A組學生有六種口味可以選，B組有三十種。結果B組對自己試吃的巧克力給予較低的評價，選擇巧克力的當酬勞的也比較少。

這違反直覺，在二十四種或三十種選項裡挑選，理當比在六種選項中選更容易找到滿意的東西，增加選項頂多沒有額外好處，但也沒有造成損失。看到二十四種果醬，很容易想像它們各自具備新奇、美味、口感滑順、顏色繽紛……等特色。而當消費者選定後，放棄選項的優點加總起來，就會減損首選的魅力，首選雖然還是勝出，但「吸引力指數」已下降，進而使人減低購買意願。同樣，學生之所以對報告主題感興趣，可能是因為對該主題有一定程度的了解，或是因為主題有挑戰性、跟個人經歷有關、剛好在其他課程討論過。但是每個主題都比不上其他所有主題累加起來的吸引力，因此經過一番減法，任何主題都不足以吸引學生克服惰性、坐在電腦前專心寫報告。就算選定了主題，並且打開電腦準備寫報告，心思也會飄到其他已經放棄的迷人主題上，而無法保持思路清晰，或是因為取捨時的壞心情而限縮了思考廣度，導致報告品質大打折扣。

幾年前，我跟妻子到巴黎度假時，發生了一件難以理解的事，直到我寫了這一章才恍然大悟。那是陽光明媚的下午，我們從倫敦抵達巴黎並到旅館放下行李後，便沿著宏偉的林蔭大道一邊悠閒地散步，一邊尋找不錯的餐廳，打算享用期待已久的大餐。我們仔細研究每家餐廳門口的菜單，其實第一家餐廳就有許多誘人的餐點，原本我們已經準備要走進去，但這裡可是巴黎，怎麼可以不多看幾家就決定？於是我們繼續往前走，想物色更好的餐廳，結果看了一家又一家，每家看起來都很棒。但是過了一小時，看了十幾份菜單後，我的胃口全消，路過的餐廳似乎也越來越沒吸引力，最後我寧願省下一餐，乾脆都不吃。

我好像發現了超讚的減肥法，姑且稱為「模擬飽足法」，只要想像自己正在享受一大堆美食，想像得夠豐盛，就會感到飽足，等到終於可以坐下來吃飯時，就已經沒胃口了。事實上，一切都是累積的機會成本在作祟。當我遇到一個又一個誘人選項，每個新選項都會減少我做出選擇後的愉悅感，一個小時後，美食帶來的樂趣已經所剩無幾。

顯然在做決定時，新增的選項會累積機會成本，導致滿足感大減，甚至讓人痛苦。但我認為，還有其他原因會導致滿足感下降、心情惡化，可以用下列例子來說明。我在賓州的美麗小鎮斯沃斯莫爾住了將近三十年，也在這裡的大學任教。這個社區有非常多優點，綠樹成蔭，還有許多高大的老樹，環境恬淡寧靜，治安良好，學校出色，我還可以走路上、下班。總之，這裡是宜居的好地方。美中不足的是，小鎮上沒有一家像樣的影音出租店（注意，我所描述的是很久以前的事，在當時，好的影音出租店非常重要），只有一家連鎖店，雖然有許多最新的賣座電影，但是非商業片或老電影卻少得可憐，更不用說非英語片，幾乎沒得選。這在我看來很嚴重，想和家人朋友一起觀賞電影時怎麼辦？

我不喜歡挑選影片（這題有出現在第4章的「最大化量表」中），要選出一部讓人驚豔的有趣影片實在是很大的壓力。在我的生活圈中，嘲笑一部爛電影和選到這部電影的人，已經是一種樂趣，畢竟大家只是開開玩笑，更重要的是，就算批評的人真的不滿意，他們也都理解是當地出租店太陽春的關係。所以在斯沃斯莫爾，大家都不會對出租影片抱太高期望，也不會真正責怪租到爛片的人。

後來我搬到費城市中心，走過三條街就有一家出租店，各個時代、各種類型、各個國家的電影都應有盡有。現在，為親朋好友挑選影片會有什麼風險？如果我租了一部浪費大家時間的爛片，那是誰的問題？已經不能怪出租店的選擇太少，而是我自己品味太差。所以，擁有許多迷人的選項就表示沒有任何失敗的藉口。我必須為糟糕的選擇負起完全的責任，因此對我來說，選電影的風險就大幅提升了。

如果我們認為自己所做的選擇將透露出關於自身的重要訊息，那麼即使是微不足道的小決定（例如租影片），也會變得十分重要。[88]

講得出理由的選擇不一定好

隨著做決定的風險增加，我們就越覺得應該為自己的選擇找個合理的理由，認為有必要解釋清楚為何選擇某樣東西（至少給自己一個交代），這樣的出發點似乎有助於提升決策品質，但事實卻不然。

每個選擇背後都應該有特定理由，聽起來似乎理所當然，但研究卻顯示，這種簡單、直觀的決策模式不一定正確。在一項研究中，受試者必須試吃五種果醬，並決定名次。A組受試者沒有收到其他指示，B組受試者被額外告知在決定排名時必須思考理由。最後，研究者將受試者的評比對照《消費者報告》上的專家評比，結果發現A組（不需要思考理由）

給的排名更接近專家看法。雖然該研究結果並不表示思考決策理由會降低決策品質，但卻證實了**思考理由會改變決定**，這暗示了人並非總是先思考再做決定。

另一項研究要求大學生評價五幅裝飾宿舍用的海報，其中兩幅分別是莫內和梵谷的名畫，另外三幅是漫畫或動物圖片。研究者透過事先調查已得知，學生普遍喜歡名畫，而不喜歡通俗的漫畫或動物圖片。正式實驗時，研究者要求半數學生寫下簡短的文字，說明自己為何喜歡或不喜歡那五幅海報，並且保證他們的評語不會被公開。另外半數學生則沒有得到同樣的指令。研究者在所有學生都評完分數後，告知可以任選一幅海報帶走。所有海報的複印本都會捲好、空白面朝外，所以不必擔心別人批評自己的眼光。幾週後，每名受試學生都會接到調查電話，詢問他們對海報的滿意程度，是否還留著它？仍然掛在牆上嗎？放暑假時會不會把它帶回老家？願意出售嗎？

該研究的第一個有趣發現是，必須寫下理由的學生更喜歡通俗的趣味海報，相較之下，沒被要求說明原因的學生卻更喜歡大師的名畫。看來，引導人們思考自己為何喜歡某樣東西，即使只是對自己解釋，也會改變他們的喜好。而且寫下理由的學生通常會帶走趣味海報，不過最重要的是，他們在後續的電話訪問中，卻**較不滿意**自己選擇的海報，不願意繼續收藏，也不太想掛出來或帶回老家，甚至打算賣掉它。

上述研究結果顯示，當人被要求為自己的喜好給出理由，可能會覺得難以言述，而且講得出來的或許不是最重要的原因。說出A海報為何比B海報有趣可能比較容易，解釋梵谷的畫作為何比莫內的畫作動人卻很困難，所以人只能試圖找到可以表達的部分，作為喜歡的理由。然而文字一表達出來，對當事人而言就變得很重要，因為在選擇時，這些可以言說的明確理由會顯著影響決定。但是時間一久，說得出口的理由會漸漸淡化，難以言表的偏好卻依然留在心中，當事人就會變得沒那麼喜歡當初選擇的海報。這表示，隨著可以言說的理由逐漸失去重要性，人對自己所做的決定也會越來越不滿意。

最後一個例子。一項研究以探討「戀愛和大學生活的關係」為名義，招募一些大學情侶當受試者。所有受試者每週都要填寫一份親密關係問卷，持續四週。過程中，A組受試者還要分析並寫下自己跟伴侶的關係現狀，B組受試者則要解釋並寫下自己為何要選擇目前的主修科系。你可能已經猜到結果了，A組（分析並書寫關係現狀者）改變了他們對關係的態度，有些人變得更積極，有些人則變得更消極，總之就是有所改變。該怎麼解釋這個結果？如前所述，能輕易言說的不見得是最重要的部分，然而一旦當事人以文字表達出關係的各個層面，那些說得出口的部分對他們而言就變得很重要。[89]

對於上述結果，有些人則樂觀地認為，在分析親密關係的過程中，自然會形成新的體悟，進而更了解這段關係的真正本質。但證據顯示並非如此。研究者發現，B組學生（沒有分析自己的親密關係）的態度更能預測數個月後的關係狀態。而A組中對親密關係表達出正向態度的人，在六個月後未必仍維持這段關係。如同先前提到的海報研究，人在必須提出理由時，會放大不重要的因素，所以較無法準確評估自己的真正感受。

提出這些研究結果，並非鼓勵大家做選擇時最好「跟著感覺走」。我的重點在於，分析之後再做決定很可能會適得其反，因為根據權衡取捨和機會成本的研究，當選擇變多，我們就更覺得必須為自己的決定找到理由。雖然努力尋找理由會讓人在當下認為自己做了正確決定，但一段時間後卻不見得仍有同樣想法。

我很幸運，任教的大學聚集了世界各地最優秀的年輕人，當其他大學的學生都滿足於一個自己喜歡、前途看好的專業領域，我的許多學生卻擁有多項興趣和專長，但他們最後還是得選擇一件自己最想做的事。既然他們不受限於單一領域，有很大的彈性和自由度去探索各種可能，想必對未來應該雀躍不已？但跟我聊過的學生大部分卻很苦惱，猶豫著要選擇能夠賺大錢還是對社會有意義的領域？要做有挑戰性還是能夠發揮創意的事？要把所有心力和時間都奉獻給工作，還是要維持生活和工作平衡？工作地點要選在鄉村小鎮還是大都市？畢業後要馬上工作還是繼續進修？面臨如此重大的決定，他們卻難以判斷何者才是最好的選擇。

此外，由於現代的家人、朋友和伴侶關係更為彈性，所以我的學生不再因為情感羈絆而限制自己的選擇範圍，但這反而不是好事。所愛之人的居住地點、打算距離他們多遠，都成了找工作時必須考量的因素，進而增加取捨困難。當一切都可以自由選擇，而每個選項都有優點，這些誘人選項的機會成本就會不斷累積，使得生涯規畫變成一件心煩的事。選哪個最正確，又怎麼知道？

選擇太多引發痛苦、使人猶豫不決。學生休學、打工、實習……試過各種方法，希望藉此找到人生目標。他們大都想迴避「你畢業後打算做什麼？」這個問題要是學生能力差一點的、迫於家庭因素必須返鄉工作的，或出於經濟壓力而只能盡快就職，或許就不會如此糾結了。而在有限的選擇及某種程度的限制下，就不必做太多取捨，學生也會少一點自我懷疑、多一點滿足感，更不需要費力為自己的選擇找理由，做出決定之後也比較不會三心二意。

《青年危機》（*Quarterlife Crisis*）一書描述了過多選擇造成的煩惱和無力感。作者透過訪談，補捉到年輕人普遍有的疑惑和懊悔，他們所處的環境缺乏穩定性、確定性和可預測性，導致他們經常強烈地自我懷疑，且要花更多時間才能安定下來。[90]

美國的全國統計資料也證實了書中觀點，比起上一代，現代男女較晚婚，深怕錯過更好的對象而後悔莫及。現代人待在同一份工作的時間也不到上一代的一半。雖然晚婚和換工作看似有助於自我了解，但這樣的自由和探索卻讓許多人迷失而非找到自我，正如一名年輕的受訪者表示：「當你有太多選擇，就得為一切後果負責。」[91]

選擇的演化，人類的演化

在人類歷史的大部分時間裡，人其實沒有太多選擇，也不需要面對機會成本的問題，要考量的不是「應該選擇A或B或C……？」，而是「要接受還是放棄？」。在資源稀缺的時期，並不會同時出現大量機會，因此人面臨的抉擇只有接近或迴避、接受或拒絕。能夠分辨「好、壞」是生存的必要條件，而這比區分「好、更好、最好」還容易得多。人類習慣了數百萬年的簡單區別之後，其演化也許還跟不上現代生活中選擇的增加速度。[92]

心理學家舒格曼（Susan Sugarman）指出，從兒童發展早期可以看出人類的歷史縮影。[93]嬰兒不用選擇，只需要接受或拒絕眼前的東西。幼兒也是如此，當父母問：「要喝果汁嗎？」「要不要去公園？」「要玩溜滑梯嗎？」，幼兒只需回答要或不要。當幼兒發展出足夠的語言溝通能力，父母就會問：「想喝蘋果汁還是柳橙汁？」「想去公園還是游泳池？」「想玩溜滑梯還是盪鞦韆？」，現在的回答不限於「要」和「不要」了。一名母親如此描述她五歲大的兒子的困擾：

我發現我兒子在只能二選一的情況，就會很難做決定，那好像跟失落感有關，選擇其中一樣就表示會失去另一樣。雖然他好不容易做出決定之後會有如釋重負的樣子，但是卻沒那麼喜歡他選擇的東西了。他會考慮很久，直到有人提醒才決定好。最近我觀察到，他在不同顏色的冰棒之間也有選擇困難。

隨著年紀漸增，我們會明白人生就是不斷地選擇，而且必然會錯過某些機會，然而我們的演化機制卻讓這堂必修課變得很困難。學習選擇很難，學習做出明智的選擇更難，而充滿無限可能的現代社會更讓這一切難上加難。

退貨的心理代價

「可以退貨嗎？」「訂金可以拿回來嗎？」，假如這些問題的答案是肯定的，人們至少暫時不用為了做決定而苦惱。如果我們知道，萬一做錯決定還可以反悔，就會覺得取捨沒那麼痛苦，機會成本也沒那麼高。事實上，許多人甚至願意為反悔的機會掏錢，比如說，大部分人寧願購買可以退換貨的原價商品，而不是無法退換貨的特價品。做重大決定之所以如此困難，也許原因之一在於它們在很大程度上是不可逆的。婚姻不像商品一樣附有解約退貨保障，職業也是如此，改變這些抉擇都必須付出龐大的代價，包括時間、心力、情緒和金錢。

看來應該鼓勵大家抱著這樣的心態：我的決定可以撤回，萬一失誤還是可以修正。機會的大門永遠敞開不會是壞事。或大或小的決定都開放修改，按理說能減少先前所討論的許多決策壓力和負面情緒。

是的，只是要付出代價。[94]有些關於選擇的研究，會設計成讓半數受試者有反悔的機會，另外半數則無法反悔。例如一項研究是讓受試者挑選一張在攝影課所拍攝的作品，而在另一項研究中，受試者可以從一系列精美的複製畫中挑一幅帶回家。這類研究結果都顯示，雖然受試者都很看重反悔的機會，但實際上幾乎沒有人改變心意。而相較於無法反悔的人，可以反悔的人卻更不滿意自己的選擇。最重要的是，受試者並沒有意識到，「可反悔」與對選擇的滿意度之間的因果。

因此保留選擇彈性是有心理代價的。當我們可以改變心意，顯然就不會努力證明自己的決定是正確的（不會強化自己的選擇、貶低放棄的選項），也會更不在乎機會成本。

畢竟，如果你已經為葡萄園島（Martha's Vineyard）的房子支付了訂金，而且無法退款，就會把注意力放在當地的美麗海灘和沙丘。反之，如果你可以拿回訂金並選擇其他地方，心思就會忍不住飄到原先也考慮過的哥斯大黎加熱帶雨林，於是你就不會為海灘和沙丘加分，也不會給熱帶雨林扣分。

再來看看風險更大的決定。假設有些人認為婚姻誓言是神聖、不可違背的，另一些人則認為只要雙方同意就可以解除婚約，想想這兩類人的差異。可以預期的是，相較於婚姻態度較隨便的人，認為不可違反婚姻承諾的人會先做好心理建設，所以會更滿意自己的決定。因此，「無法解除」婚約者會比「可以解除」婚約者更滿意自己的婚姻。當一段不受承諾約束的婚姻最終破裂，有些人也許覺得幸好那對夫妻對婚姻的態度夠開放，才不至於勉強留在不幸福的婚姻中。但這些人卻沒想到，婚姻態度開放可能正是導致離婚的原因。

選擇、機會成本、最大化者

沒有人喜歡取捨，也沒有人喜歡看著機會成本不斷增加。但是對知足者而言，取捨和機會成本都不構成嚴重問題。還記得嗎，知足者尋找的是「夠好」而不是「最好」的東西。即使錯過了其他更好的機會，「夠好」的選項還是會令人滿意。而且相較於最大化者要求的「最佳」選擇，「夠好」的選擇只需要搜尋和檢視少數幾個選項，而考慮的選項越少，機會成本也會跟著下降。而且，知足者通常不會幻想一個完美世界，其中存在著一個各方面都符合自己需求的選項，所以就不必妥協取捨。

基於上述所有原因，最大化者特別容易在取捨過程感到痛苦。事實上，我認為最大化者之所以更不快樂、更不滿意自己的生活，甚至更憂鬱，原因之一在於取捨和機會成本的負面影響，抹滅了他們所選事物的許多優點。

第7章　懊悔是件麻煩事

如果某個決定的結果並不理想，或是事後才發現更好的選擇，人可能就會後悔。

幾年前，我跟妻子在eBay上向某個賣家訂購了高科技的舒適靠背辦公椅，但是椅子遲遲沒有寄來。原來賣家是個騙子，包含我們在內的眾多買家被詐了一大筆錢。「我們怎麼這麼蠢啊？」，我跟妻子輪流說著這番話。我們後悔被騙嗎？那是一定的。

像這樣經歷了某個決定的負面結果所產生的悔恨，稱為「決策後悔」（postdecision regret）。還有一種悔恨，稱為「預期後悔」（anticipated regret），**是發生在做出決定之前**。如果買了這件毛衣，卻在別家店看到質感更優、也更便宜的毛衣，心情會如何？如果接受了這份工作，下週卻出現更好的機會，該做何感想？

決策後悔有時也稱為「買家懊悔」，意即買了某樣東西之後又開始三心二意，覺得當初放棄的品項比較好，或是認為一定還有更好的選擇，只是沒有找到。不論是否真的有理由後悔，這樣的苦澀滋味肯定會降低對所選商品的滿意度。而預期後悔的負面影響更嚴重，不但會減少滿足感，還會讓人拿不定主意。考慮買房的人最常因一個念頭而拖延決定：萬一簽約後就出現更好的房子，該怎麼辦？

決策後悔和預期後悔都會增加決策者的情感負荷，前者讓人無法享受買到東西的快感，後者讓人難以做決定。

但並非每個人都容易後悔。第4章提過我跟同事的研究，我們發現在後悔量表上得分較高者也較不快樂、生活滿意度較低、較悲觀和憂鬱，而且通常是最大化者。事實上我們認為，「害怕後悔」正是**導致**個體追求最大化的主因，因為確保自己不會後悔的唯一方法，就是做出最好的決定。可見後悔會對心理健康產生不良影響。這裡再次證明了，選擇越多，就越可能產生決策後悔或預期後悔，也說明了，為何人們有更多選擇卻不見得更快樂。[95]

雖然每個人受後悔影響的程度都不同，但某些情況特別容易引發後悔情緒。[96]

不作為偏誤

一項關於後悔的研究讓受試者閱讀下列段落：

保羅持有A公司股票，去年一直考慮轉投B公司，但他始終沒行動，結果發現如果當初轉投B公司，現在就會多賺一千兩百美元。喬治持有B公司股票，後來轉投A公司，結果發現如果當初沒賣掉B公司股票，現在就會賺進一千兩百美元。那麼誰比較後悔？

既然保羅和喬治目前都持有A公司股票，而且如果擁有B公司股票就會多賺一千兩百美元，所以處境幾乎完全相同。但是卻有九二％的受試者認為喬治的心情比較糟。兩人最大的差異在於，喬治後悔自己所**做**的事（放棄B公司，轉投A公司），而保羅是後悔自己**沒做**的事。多數人都直覺地認為，比起因為沒採取行動而錯過原本該有的好結果，採取失敗的行動更讓人遺憾。這種直觀想法有時也稱為「不作為偏誤」（omission bias），意即在評估決策時，錯誤地低估了不作為（沒有採取行動）的後果。

不過近期研究顯示，「有所行動」不見得比「毫無作為」更引人關注。[97]假設你是足球隊教練，你的球隊最近輸了兩場比賽，而且失分很高，現在即將迎戰下一場比賽，你該改變球隊陣容嗎？哪種情況你會比較後悔，是固守現有陣容而輸球，還是改變陣容而輸球？專門研究「後悔」的心理學家澤倫伯格等人就做了前述實驗，並發現人在面對過去的失敗時，會更在意、也更不能接受維持現狀（不改變）造成的錯誤。[98]

此外，當人回想很久以前所做的決定，也會較在意沒有採取的行動。人如果被問到最近六個月最後悔的事，通常會提起之前採取了某些行動，結果卻不盡理想；但如果被問到這一生最後悔的是什麼，則會提到一直沒去做的事。短期來看，我們會後悔選錯科系、跟戀人分手，但從長期來看，則會後悔錯過的教育機會、錯過的戀情。因此，已經做出的決定還是會持續影響我們的心情，而隨著時間流逝，我們會越來越在意那些沒做到的事。

第二名輸給第三名的一件事

另一個跟後悔有關的因素是，距離期待的結果有多近。[99]想想下列情況：

克蘭和蒂斯要搭乘同一時間起飛的不同班機，他們一起從市區乘坐接駁巴士，途中卻遇到大塞車，結果比預定時間晚了三十分鐘才抵達機場。克蘭得知他的班機準時起飛，蒂斯則發現他的班機延誤，五分鐘前才起飛。請問誰比較沮喪？

九六%的受試者都認為蒂斯會更沮喪。面對蒂斯的處境，我們幾乎可以感同身受，「要是最後那名乘客準時坐上接駁巴士就好了」、「要是當初接駁巴士走主街而不是榆樹街就好了」、「要是我第一個衝下車，而不是排在第三個就好了」……面對類似情境，任何人都會忍不住想像各種扭轉結果的可能性。如果跟目標相差甚遠，我們就不太會執著於可能改寫結局的小差異。然而當距離目標只差一點點，噢，那真的很要命。

這種「差一點效應」（nearness effect）也發生在運動競賽中。[100]猜猜看，奧運銀牌得主（第二名）比較開心，還是銅牌得主（第三名）比較開心？第二名顯然勝過第三名，照理來說拿到銀牌會比拿到銅牌開心，但通常卻不是如此，銅牌得主反而比銀牌得主更高興。當銀牌得主站在凸台上，他們會想「差一點就能摘金了，要是某方面再稍微表現好一點，某些失誤再少一點，最後的榮耀就會屬於我」；而當銅牌得主站在凸台上，他們想的則是「差一點就拿不到任何獎牌了」。對銀牌得主而言，距離勝利只有一步之遙，對銅牌得主來說，距離沒沒無聞也只有一步之遙。

承擔後果

最後一個影響後悔的重要因素是「責任」。如果朋友約你吃飯，餐廳由他選，但是食物非常難吃，你也許會失望、不開心，但會後悔嗎？相對地，如果是你選的餐廳，你就會後悔了。研究證實，不論是否要為後果負責，糟糕的結果都會讓人不開心，然而只有在「必須為後果負責」時，糟糕的結果才會令人後悔。[101]

綜合這些因素，就可以歸納出最讓人後悔的情況：如果我們負責的事差一點就有好結果，最後卻搞砸了，我們就會懊悔不已。最重要的是，當我們擁有更多選擇權和更大的責任，結果卻差強人意，我們就會更加後悔。因此，雖然增加選項會使我們更容易找到自己真正喜歡的東西，然而當結果不符合預期，我們就會更後悔當初的選擇。

十萬個如果

除了客觀事實，想像情境也會讓人陷入後悔之中，因此我們常常為此所苦。想像力使人得以思考不存在的事物狀態。當我們面臨兩個工作機會，一個能夠快速晉升，另一個則有一群志同道合的好同事，我們很容易會想像出兼具兩者優點的完美工作。這種「想像理想狀態」的能力，為後悔提供了源源不絕的素材。

想像一個與現實相反，但未來可能會發生、或原本應該要發生的世界，稱為「反事實思維」（counterfactual thinking）。[102]機場的接駁巴士走了榆樹街，這是事實；它原本可以走主街，「要是它走主街，我就可以趕上飛機了」，這是跟事實相反的想法。我選修的這堂課很無聊，沒選的那堂課比較有趣，這些都是事實；「要是我有辦法早起就好了」、「要是那堂課排在下午就好了」，這些則是跟事實相反的想法。

如果缺乏「反事實思維」，就無法度過每一天。如果沒有能力想像一個不同於現實生活的世界，並以行動將想像化為現實，人類物種就不可能存活下來，更不用說在數百萬次推測和試誤中不斷進步。但反事實思維的壞處是容易滋生悔意，無論是決策後悔或預期後悔。

心理學家深入研究反事實思維後發現，大部分人很少主動思考與現實相反的情形。我們不會一早坐下來喝咖啡，就開始問自己，「如果我生在南非而不是美國會如何？」「如果地球軌道跟太陽的距離再縮短幾千英里，世界會變成怎樣？」。相反地，我們通常是因為發生了某些不愉快的事，產生了負面情緒，才會激發反事實思維，例如考試考砸、跟男（女）

朋友吵架、家人生病或死亡……等負面經歷。反事實思維會引發更多負面情緒，像是後悔，而這些負面情緒又會反過來激發更多反事實思維，進而造成更強烈的負面情緒。雖然大多數人都能在陷入這樣的惡性循環之前，就阻止自己繼續胡思亂想，然而有些人（尤其是憂鬱症患者）卻抵擋不了這種向下的拉力。[103]

研究者檢視反事實思維的內容後發現，人傾向於關注自己可以控制的部分。當受試者必須想像在能見度很低的雨天，有人超速行駛而導致車禍，大部分受試者的反應是：如果駕駛更謹慎一點就不會發生這場意外，而不是認為如果出大太陽就好了。這種「關注自我控制」的現象恰好符合我先前提到的觀點，即「後悔」和「責任」關係密切。當然，大多數情況都有「可以控制」和「無法控制」的面向。一個不用功的學生考了低分，他就應該為學習怠惰負責；但從另一方面想，試題也許可以更簡單一點，或更側重在學生熟悉的內容。然而，人在想像跟現實相反的情形時，總是關注自己可控制的面向，這只會讓人更加後悔。

另外還必須區分「向上反事實」（upward counterfactual）和「向下反事實」（downward counterfactual）思維，前者是指「想像比實際情況更美好的情境」，後者則是「想像比實際情況更糟糕的狀況」。奧運銀牌得主如果想像自己在比賽過程中絆倒、跌倒，甚至無法完成比賽，這樣的向下反事實思維應該會增強她獲得銀牌的正向情緒；而如果幻想自己贏得金牌，這樣的向上反事實思維就會降低她的成就感。可見，向下反事實思維不但能提升滿足感，還讓人因為情況沒有更糟而心懷感激。然而研究顯示，除非特別提醒，否則人很少想像比實際情況更糟的情境。

關於反事實思維的研究帶來了重要啟發：反事實思維是強大的思考工具，不必完全遏止，關鍵是，我們應該多練習**向下**反事實思維。向上反事實思維會激勵我們再接再厲，而向下反事實思維則會讓我們感謝自己目前擁有的成就，只要在兩者之間取得平衡，就能避免陷入痛苦的迴圈，同時又能激勵自己不斷進步。[104]

後悔和滿足的關係

如前所述，我們做了決定之後，即使結果不錯，仍會因為後悔而影響心情，尤其是考慮到機會成本。

錯過的機會讓人惦記著其他選擇的優點。當你從海邊度假回來，也許就會開始陷入反事實思維，像是「這個假期真是太棒了，但要是那兒有更好的餐廳、有趣的商店、像樣的電影院……就更完美了！」。每出現一個反事實思維，都會讓你對當初的選擇多一絲遺憾。正如第6章提到的，做了決定之後就意味著失去所有其他選項的迷人特點，所以當選項增加，就會不斷累積機會成本（以及反事實思維和遺憾）。

反事實思維往往是由負面事件引發，而事件可能是「絕對」負面，例如海邊很髒、天氣惡劣、住宿環境也很糟，那這趟旅程當然不愉快。但事件也可能「相對」於渴望或期待而變得負面，比如說，你在抉擇過程審慎地評估並權衡了各個度假地點（如第6章所述），事後就會忍不住想像海濱之旅所未能實現的美好事物，因此即使假期很愉快，你的腦袋還是會被負面想法給占據。

同樣的情形也發生在做決定之前。只要一想到去海邊就等於放棄其他度假勝地，腦海中一浮現各種可能錯過的美食、美景……就必然會產生預期後悔，導致第一名的選項看起來沒那麼吸引人了。當然，你也許還是會選擇去海邊度假，只是沒那麼熱切了。

這可以用「對比效應」（contrast effects）來理解。如果有人從蒸氣室走出來後直接跳進泳池，就會覺得泳池的水很冷，因為水溫跟蒸氣室的溫度形成了明顯對比。但是如果有人剛從零下的戶外走進室內，然後跳進同一個泳池，就會覺得很溫暖。同樣，**反事實思維的作用就是讓實際經歷和想像情境形成對比**。跟想像中的完美假期相比，任何實際的海濱之旅都會黯然失色，因此這樣的反事實對比勢必會帶來遺憾，而最大化者的遺憾又會比知足者更強烈，因為最大化者總是幻想與事實相反的完美情境，使得任何現實都相形見絀。

迴避後悔的傾向

不同於其他負面情緒（憤怒、難過、失望，甚至哀傷），後悔最令人難受的地方在於，我們會覺得要是當初做了不同選擇，就可以避免陷入這種處境，而且這是自己可以掌控的。

第6章提到，人在做決定時，如果需要取捨（而且可能造成後悔），往往就會逃避選擇；如果無法逃避，就會設法合理化自己的決定，從而避開取捨問題，像是「買車最重要的考量就是安全」、「度假時，沒有什麼比得上大海的味道和海浪的聲音」、「我對房子的唯一要求就是空間夠大」……等等。

毫無疑問，當我們面臨決定，通常會選擇最不讓自己後悔的選項。

預期後悔如何改變人類行為

第3章提過，如果要在「確定的小收益」和「不確定的大收益」之間做選擇，大部分人都傾向於迴避風險。舉例來說，如果可以選擇「穩賺一百美元」或是「有五成機率得到兩百美元（丟銅板決定）」，多數人會選擇前者，因為在主觀感受上，得到兩百美元的滿足感少於一百美元的兩倍，所以不值得承擔這五成風險。不過，人之所以迴避風險還有另一個原因，就是**迴避後悔**（regret aversion）。假設你選擇穩賺一百美元，那就永遠不知道如果選擇丟銅板會得到什麼結果，也就沒理由後悔。反之，假設你選擇賭一把，就必然會知道如果選擇穩賺一百美元的結果，因為這就是**使之成為**確定選項的原因。所以，如果你選擇丟銅板，而且輸了，不但一無所獲，還得承受「早知道就選一百美元」的遺憾。因此，選擇確定選項可以確保自己不會後悔，因為你永遠不知道另一種選擇會有什麼結果。[105]

假設前述想法正確，那麼當事先告知「就算選擇穩賺一百美元，還是會丟銅板看看結果如何」，人的反應就應該會跟前面的例子不同，因為在這種情況下，不管選擇什麼都無法避免後悔的可能。而事實上，這樣的前提確實會影響我們的選擇。一旦知道做了決定之後還會揭曉另一種選擇的結果，我們就會更願意冒險，因此無法避免後悔的可能。

相關研究顯示，後悔不但是許多決定的後果，預期後悔也是影響許多決定的重要因素。人在做選選時，心裡會惦記著日後可能出現的後悔。如果你打算買車，在豐田佳美和本田雅哥之間猶豫不決，而最好的朋友剛買一輛本田，那麼你很可能也會買一輛，部分原因是買了跟朋友同款的車，就不會有機會知道自己可能做了錯誤決定，從而避免痛苦地比較。當然，萬一你真的做了錯誤決定，你不可能完全不知道，因為買這兩款車的人不少，報章雜誌上也有相關報導，但這類訊息的生動、詳細和洗腦程度都不如「朋友買了更好的車」那麼深刻。

人為了迴避後悔還會出現另一種反應：完全不採取行動，即「不作為慣性」（inaction inertia）。[106]假設你正在大賣場物色新沙發，有一組正在打七折，而且是你喜歡的款式，但你才剛看，於是心想也許之後還會找到更棒的沙發，所以就放棄這個選項。幾週過去了，你都沒找到更好的選擇，所以又打算回頭買一開始中意的那組沙發，問題是現在只打九折，你會買嗎？很多人都表示不會，因為如果買了，就鐵定會後悔當初沒早點買，但如果不買，就還有機會找到更好的沙發。

生活中處處可見「不作為慣性」的例子。買了里程數五千英里的來回機票，卻忘了加入飛行常客計畫，下次再買機票時就會不太想申請，這樣就可以安慰自己「反正又不常坐飛機，何必這麼麻煩」；而要是申請了，就會後悔沒有早點開始累計里程。同樣，如果我們拒絕加入離家只有五分鐘路程的健身房會員，後來又回心轉意，卻發現已經額滿了，我們也不會報名離家二十分鐘路程的健身房，因為這樣就有理由說服自己「我的運動量已經夠了」、「我沒時間去健身房」。而一旦加入較遠的健身房，所有不加入的理由就不成立了，我們就會後悔當初沒有早點報名。

沉沒成本：捨不得會誤事

還記得第3章提到閒置在櫃子裡、穿起來會咬腳的昂貴鞋子嗎？這是關於「沉沒成本」的例子。[107] 你買了那雙鞋之後，就算知道永遠不會再穿，還是會一直把它擺在櫃子裡，因為如果送人或扔掉，就不得不承認這筆損失。同樣，人會一直持有貶值的股票，因為一旦賣出就會有實質虧損。然而理論上，在考慮是否要繼續持有或賣出某隻股票時，重點應該是該股票的預期未來績效，而不是買進價格（暫且不考慮稅金）。

下面的典型案例展現了沉沒成本的影響力。一家劇院向當地民眾提供季票方案，有些人以全價購票，有些人則以優惠價購得。研究人員追蹤了他們實際觀賞表演的頻率，結果發現全價購票者更常去看表演。原因在於，比起用優惠價購票的人，全價購票者更容易覺得票買了不用很浪費，因為他們損失的錢更多，所以會更後悔。

做決定時應該著眼於未來，太在意沉沒成本反而會做錯決定。票都買了，錢都花了，那已經是過去的事了。持有票者在演出當晚只需要問自己，「我比較想去劇院看表演，還是在家一邊看書一邊聽音樂？」但實際上，人往往不是這麼想的。

沉沒成本的影響遍及生活各個層面。一項研究要求受試者想像自己買了兩張不同地點的滑雪門票，而且都無法退費，後來才發現兩張票的日期是同一天。票價分別為五十美元和二十美元，但二十美元那場肯定更好玩。那麼受試者會如何選擇？結果大多數人都選擇五十美元的門票。同樣受到沉沒成本影響，職業球隊的教練會給高薪球員較多上場機會，而不是考慮球員的狀態。另外，相較於收購其他公司的人，白手起家的人更願意投資擴展自己的事業。在上述情況中，要考慮的重點「應該」是球員或某項事業的預期未來表現，然而人們真正在意的卻是過去的投入成本。[108]

我認為，人之所以會受到沉沒成本影響，主要是為了避免後悔，而不單是為了避免損失，因為當我們必須為決定負責（例如買門票或昂貴的鞋子），沉沒成本效應就會更加明顯；假設只是為了避免損失，那麼不論損失的責任是否在自己身上，都不會影響我們的決定，因為損失是一樣的。

我發現自己在許多情境也難以抵擋沉沒成本的影響，或許還有很多時候受其影響而不自知。我的衣櫃裡有幾件不會再穿的衣服，書架上擺著幾張不會再聽的唱片，但我卻捨不得丟掉它們；在餐廳吃飯時，就算已經飽到天靈蓋，我還是會強迫自己把盤子裡的食物吃光；看書時，要是已經看了兩百頁，就算這本書很枯燥或毫無啟發，我還是會逼自己看完。類似的例子不勝枚舉。

許多人不願離開一段痛苦的關係，並不是因為深愛或虧欠對方，也不是出於道德責任所以堅守承諾，而是因為已經投入大量時間和心力。又比如說，許多人發現自己其實不想當醫生，卻仍然堅持完成醫學院的訓練。另外在越戰期間，許多美國人都明白繼續參戰毫無意義，卻還是堅持了非常長的時間。有人說：「如果現在撤退，那麼成千上萬為國犧牲的士兵和百姓就白死了」，這種想法是著眼於過去，而非未來。既然人死了無法復活，那麼需要思考的問題應該是倖存士兵和百姓的未來生活（暫且不從道德和政治角度考量戰爭的正當性）。[109]

後悔、最大化和選擇自由

人所做的大大小小決定顯然會受「後悔」影響，那麼選擇——尤其是過多選擇又會如何影響人的後悔情緒？

前面提過，影響後悔的因素有：

1. 當事人必須為結果負責。
2. 當事人傾向想像跟事實相反的更好選擇。

而「選擇自由」明顯加劇了上述兩項因素。如果沒得選，你會失望嗎？也許吧。後悔嗎？那可不。如果只有幾種選擇，你會盡力做出最好的決定，但礙於現實，可能無法達到理想的結果。如果選擇很多，就很有可能存在一個完美選項，你會覺得應該有辦法找到它。而當你不滿意事情的結果，就會後悔當初沒有做出更明智的選擇。隨著選擇數量不斷增加，你根本不可能檢視所有選項，因此總是擔心有更好的選擇，而且萬一做了決定之後才發現更好的選擇，一定會後悔不已，於是越想越猶豫，最後乾脆不做任何決定。

至於涉及多重考量的複雜決定，由於每個選項都各有優劣，因此不存在十全十美的選項，導致人們特別在乎可能錯過的機會。當選擇變多，就表示有更多選項在某方面勝過你最後的選擇，也就是說，隨著選擇增加，機會成本就越來越高，悔意也會更加強烈。

整體評分最佳的車要是沒有配備頂級音響，不但會引發預期後悔（如果買了這輛車，會不會因為音響不好而懊惱？），也會帶來決策後悔（「廠商幹嘛不把音響做好一點！」）。選擇越多，人就會形成更多「要是……就好了」的想法，而每一個「要是……就好了」的想法，都會讓人對自己的選擇多一絲遺憾，少一點滿足。當你走進銀行，卻發現只開放一個櫃檯，而前面已經大排長龍，你可能會很煩躁，但不至於後悔。但如果開放兩個櫃檯，而你卻選到移動較慢的那列隊伍，你會做何感想？心理學家蘭德曼（Janet Landman）在其優秀著作《後悔》（*Regret*）中如此總結：「相較於無法選擇或選擇有限，當我們擁有許多吸引人的選擇，在做決定時就更容易受後悔影響。諷刺的是，吸引人的選擇越多，後悔的機率也越高。」[110]

同樣顯而易見的是，相較於知足者，後悔對最大化者來說構成了更嚴重的問題。無論某樣東西有多好，一旦最大化者發現更棒的選擇，就會悔不當初。免於後悔的唯一方法就是追求完美，而追求完美的唯一途徑就是無止盡地徹底檢視各個選項，直到陷入決策癱瘓。但是對知足者而言，做決定的風險較低，後悔的機率不會隨著選擇增加而變高，而且也沒必要追求完美。

後悔的四種好處

眾所周知，後悔的感覺很難受，但後悔也有幾個重要功能。

第一、當我們預先想到自己可能會後悔，就會更謹慎地決定，並設想各種可能出現的情況，這樣的預想有助於覺察原本也許會忽略的後果。

第二、後悔可以讓我們牢記自己在決策過程所犯的錯誤，以免重蹈覆徹。

第三、後悔會促使或激勵我們採取必要行動以取消錯誤決定，或彌補該決定造成的不幸後果。

第四、後悔是向他人發出的訊息，表明我們重視已發生的事，也為此感到抱歉，並且會竭盡所能地防止同樣的事再度發生。

由於個人的許多決定都會影響他人，因此我們的後悔會讓對方明白我們理解他們的痛苦，使對方願意繼續信任我們、跟我們維持關係。[111]

即使我們的決定並沒有造成不好的後果，仍有可能感到後悔，這很正常，且面對並接受這樣的情緒是很重要的。假設你決定離開家鄉，到很遠的外地工作，就算一切都很順利，心中還是難免有遺憾，因為你不得不為了理想而放棄跟家人相處的時光。「必須取捨」這一事實本身就令人遺憾，而正視這樣的遺憾就意味著願意為自己的選擇付出必要的犧牲。

然而，有些人深陷於後悔，對於過去的抉擇無法釋懷，甚至現在也難以做決定，那麼採取一些能夠減少後悔的方法，或許有助於提升其生活品質和幸福感。

第11章將討論如何因應充滿選擇的世界，其中許多方法就是作用在降低後悔的影響。

第8章　適應效應：由奢入儉難

人不但因為後悔和機會成本而執著於錯過的選項，還因為其他原因而不滿意實際選擇的項目。

由於某種普遍心態作祟，使得現實生活經常不如預期美好。你可能在一番掙扎之後，決定買凌志（Lexus）汽車，並試著忘掉其他所有車款的迷人特質。然而當你交車後，開新車卻沒那麼開心，你不但後悔放棄了其他車款，還會對自己的選擇失望，簡直是雙重打擊。

上述普遍心態即所謂的「適應」過程，簡單說就是，當我們習慣了某樣東西，就會視之為理所當然。我的第一台桌電只有8K記憶體，必須使用磁碟片儲存或讀取檔案（光是簡單的程式就要花掉五分鐘），而且操作上一點都不人性化，但我還是很喜歡那台電腦，它讓我完成了許多事。然而幾年前，我淘汰了另一台電腦，雖然它的速度和容量都是第一台的無數倍，我卻覺得它的效能很差，無法滿足我的需求。雖然這麼多年來，我用電腦做的事情都差不多，但對電腦的期待卻跟以往大大不同了。還有，我剛開始訂閱有線電視時，對它的收訊效果和眾多選擇既讚嘆又興奮（雖然跟現在相比實在遜色不少），但如今只要電視畫面中斷或突然沒聲音，我就會抱怨連連，也會因為找不到好看的節目而不開心。拜技術進步之賜，現在一年四季都可以吃到各種蔬菜水果，一開始我覺得自己簡直身在天堂，但漸漸地，我卻認為這很理所當然，甚至如果在二月買到從以色列或祕魯進口的桃子，吃起來不香甜多汁，我就會很生氣。當我習慣——或者說適應了各種快樂的來源，它們就無法再帶來快樂了。

由於人會適應任何事物，所以無法對正向經驗一直保持熱度。更糟的是，大部分人似乎沒料到這種適應作用會發生，因此總是不開心地發現某些事物帶來的樂趣或快感越來越少。

關於「適應」已有不少研究成果，但研究重點大多放在「知覺適應」（perceptual adaptation），即人在持續經歷視覺、聽覺、氣味等感官刺激後，對該刺激的反應會逐漸減弱。也就是說，人跟其他動物一樣，當某個特定事件一直存在，對該事件就會越來越沒反應。舉個例，初次造訪紐約曼哈頓的小鎮居民會對都市的一切感到不知所措，而已經完全適應的紐約客則對這座城市的高強度刺激見怪不怪了。

同樣，我們除了內建上述感官溫度計，還有「快樂溫度計」記錄著情緒變化，從不愉快（數值為負）到中性（數值為零），再到愉快（數值為正）。當經歷美好事物，快樂溫度計的度數就會上升，而遇到糟糕的事物時，度數就會下降。而我們對美好事物的快樂感受也會逐漸減弱，即「享樂適應」（hedonic adaptation）。比如說，假設某個經歷一開始讓「快樂溫度」提升了二十度，下次再發生同樣經歷時，也許只會提升十五度，到了第三次只會提升十度……最後可能再也不會提升快樂感受了。

想像一下，你在炎熱潮濕的夏日出門辦事，汗流浹背地奔波了數小時後，終於回到冷氣房裡，立刻感受到自己被涼爽乾燥的空氣給包圍，真是棒極了！一開始你會覺得自己又活了過來，而且精力充沛，簡直開心到要飛上天了。然而一陣子之後，這種強烈的快感會漸漸消退，取而代之的是淡淡的舒適感，你不再感到燥熱、黏膩和疲憊，但也不會有涼爽、恢復元氣的感覺。事實上，這時你不會有什麼感覺，因為已經習慣了冷氣的溫度，所以不會注意到它。除非你又走到室外，高溫像剛竄出烤爐的熱氣般迎面襲來，才會意識到已經沒有冷氣了。

在一九七三年，只有一三%美國人認為有必要在汽車內安裝冷氣，如今幾乎沒有人會反對這麼做。我知道地球持續暖化，但四十多年來，氣候並沒有發生劇烈改變，改變的是我們對舒適的標準。[112]

即使我們不希望正向經驗的愉悅感漸漸消失，卻依然無法避免適應效應。而且相較於選擇有限的世界，「享樂適應」在選擇過多的世界會造成更強烈的失落感。

當快樂變貴

享樂適應之所以會發生，可能是因為前面所說的「習慣了某樣事物」，也可能是因為新體驗改變了參照點。[113]

假設一名女子很滿意目前的工作，年薪四萬美元，工作內容也很有趣。後來卻出現新的工作機會，年薪有六萬美元，於是她跳槽了。然而不幸的是，新公司只運作了半年就突然倒閉。老東家極力邀請她回去上班，還把她的年薪提高到四萬五千美元。那麼，該女子會因為「加薪」而高興嗎？這算是加薪嗎？答案很可能是否定的。就算年薪六萬美元的體驗只維持很短的時間，還是會改變快樂的基準點或參照點，因此任何低於這個標準的薪資都會被視為損失。如果是在半年前，薪水由四萬美元提高到四萬五千美元的確會讓人很開心，但現在給人的感覺卻像是從六萬美元降到四萬五千美元。

人們有時會說，「我從沒發現酒這麼好喝」、「我從不知道性愛如此美妙」、「我從沒想過可以賺這麼多錢」。新奇會改變人的快樂標準，導致原本夠好或甚至更好的事物現在已不如以往。接下來各位將看到，當人費盡時間和心力，在眾多可能性中試著做出最佳選擇，卻遲早會適應最後所選的項目或體驗，就特別容易感到失望。

快樂有賞味期限

下面的案例也許是最著名的享樂適應研究。該研究找來一群受試者，其中有些人在過去一年內贏得了五萬到一百萬美元不等的樂透獎金，而有些人則因事故而半身不遂或四肢癱瘓。每個受試者都必須在五點量尺上評估自己的快樂程度。結果不出所料，樂透得主比癱瘓者更快樂，但讓人意外的是，樂透得主並沒有比一般人更快樂。更驚訝的是，事故受害者的快樂程度雖然略低於一般人，但還是認為自己很快樂。[114]

要是在中獎號碼公布的那一刻詢問樂透得主，他們的快樂程度無疑會爆表；同樣，如果在事故發生之後立刻詢問受害者，其快樂程度肯定會低到不能再低。然而一段時間之後，樂透得主和事故受害者都逐漸適應了自己的處境，這兩群人的「快樂溫度」便開始趨向一致，因而更接近一般人的狀態。

這並不表示從長遠來看，中樂透和意外癱瘓的主觀感受根本沒有差異。這裡的重點是，兩者之間的差異其實沒有想像中那麼大，也不像這些扭轉一生的重大事件剛發生時那麼大。

為何會出現如此戲劇化的享樂適應？如上一節所述，原因可能有二，第一、人們已經習慣了發生在自己身上的好事或壞事。第二、正向體驗的新標準（中樂透）會使日常的小確幸（剛煮好的咖啡散發的香氣、在風和日麗的春天綻放的花朵）相對平淡無奇。事實上，當要求人們評估各種日常活動的快樂程度，「樂透得主」給的分數會比「沒中樂透者」還低。因此，不僅當事人對持續存在的事物的反應改變了，比較的參照點也改變了。

而事故受害者經歷的改變也許更多。在事故發生當下，受害者立刻感受到毀滅性衝擊，因為他們失去了自由行動能力，也不知道該如何因應殘疾的生活。然而一段時間之後，他們會發展出適應生活的新技能，同時發現自己的狀況並沒有當初想像的那麼嚴重。此外，他們還開始關注行動不便者也能做的事，並且樂在其中，而在事故發生前，他們都未曾想過這些可能。

經濟學家西托夫斯基（Tibor Scitovsky）在四十七年前出版了《無快樂的經濟》（*The Joyless Economy*）一書，其中探討了適應效應的某些後果。[115]西托夫斯基指出，人都追求快樂，而購物確實讓人感到快樂——前提是消費的商品具有新鮮感。然而人一旦適應了該商品，失去了新鮮感，「快樂」的感覺就會漸漸被「舒適」取代。開新車的前幾週可能會興奮不已，但後來只會感到舒適，雖然新車鐵定比老車好，但就是少了快感。舒適已經夠好了，但人渴望的是快樂，舒適並不等於快樂。

快樂轉變成舒適的結果就是造成失望，尤其當購買的是「耐用品」，例如汽車、房子、音響、高級服飾、珠寶、電腦……等，失望感就會更強烈。當短暫的熱度和快感消退，人的身邊依然圍繞著這些物品，它們會不斷提醒當事人，購物並沒有大家說的那麼美好，事實跟期望並不相符。隨著社會越來越富裕，消費者越來越傾向購買昂貴的耐用品，失望感也就隨之增加。[116]

面對這種必然的失望，人該何去何從？有些人乾脆放棄，不再重視物質享受。大多數人則受欲望驅使而追求新鮮感，試圖尋找能夠永遠帶來快樂的新商品或新體驗。然而時間一久，任何新商品都會失去最初的吸引力，導致人必須不斷追逐快感，這一過程就是心理學家布里克曼（Philip Brickman）和坎貝爾（Donald Campbell）所說的「享樂跑步機」（hedonic treadmill），無論跑得多快，都依然停留在原地。由於適應效應，不管你選擇的東西有多棒、不管它帶來多大的愉悅，你的主觀體驗還是會回到原點。[117]

還有一種現象比享樂跑步機更具潛在危險性，即康納曼提出的「滿足跑步機」（satisfaction treadmill）[118]，這意味著，人除了會適應特定物品或經驗，還會適應特定程度的滿足感，換句話說，假設你運用聰明才智、投入大量心力，好不容易做了一個很棒的決定，順利地將「快樂溫度計」維持在二十度，好讓你無時無刻都覺得很幸福。但二十度就夠了嗎？一開始可能還不錯，然而一旦你適應了這個程度的快樂感，一段時間之後，二十度感覺起來就沒那麼好了，所以你得做點什麼，好讓快樂程度上升到三十度。因此，即使你成功戰勝了對商品或體驗的適應現象，還是得克服主觀感受的適應問題，這可是非常艱鉅的任務。

明日的精確度

就算已經知道自己會習慣正向經驗，並為此做好準備，還是很難克服適應效應。證據顯示，人通常會對適應現象感到驚訝。一般來說，人都不善於預測自己對各種經驗的感受。[119]要是樂透得主知道中獎根本不會大幅提升主觀幸福感，應該就不會去買樂透了。

許多研究試圖了解人在預測未來感受時的準確度，這類研究通常會納入兩組受試者，第一組是一般人，他們必須想像某個事件（好壞皆有），然後預測自己對該事件的感受；第二組則是真正經歷過那些事件的人，他們要回答該事件實際帶給自己什麼感受。接著，研究者會比較兩組的回答。

其中有項研究詢問了美國中西部的大學生：如果住在西海岸的加州會有什麼感覺？[120]這些大學生認為，比起住在中西部，生活在加州的學生會更喜歡當地的氣候，而且整體生活滿意度也更高。第一個預測是對的，但第二個錯了，加州的大學生確實喜歡當地氣候，但整體並沒有比中西部學生更快樂。也許導致中西部學生誤判的原因是，他們把所有注意力都放在加州的宜人氣候上。雖然加州天氣大多晴朗溫暖，但並不表示那裡的學生沒有煩惱，他們一樣會遇到課程枯燥、負荷過重、錢不夠花、跟家人朋友起爭執、失戀……等問題。也許比起天寒地凍，在陽光明媚的日子裡承受壓力和煩惱似乎稍微好一點，但這種氣候上的差異並不至於明顯改變人對生活的看法。

在另一項研究中，A組受試者必須預測各種個人和環境上的變化會如何影響自己在未來十年的幸福感，他們要思考的情形包括：空氣污染、雨林受到破壞、咖啡店和電視頻道數量不斷增加、核戰風險下降、愛滋病的感染風險提升、慢性病普遍、收入變化、體重增加……等。B組則不需要預測，而是描述這些變化在過去十年裡帶給自己什麼感受（只考慮自己實際經歷過的變化）。結果顯示，相較於B組的實際經歷，A組一致高估了各種變化（無論好壞）對生活的影響。[121]

還有一項研究是以教授做為受試者，A組是一群年輕教授，他們必須預估自己將來獲得／未獲得終身教職的當下、以及五年後和十年後的反應。B組則是最近、五年前和十年前獲得／未獲得終身教職的教授，他們報告了自己的目前感受。由於教授多少都知道適應效應，因此A組預估自己在得知消息的當下會異常興奮／難過，但喜悅或傷心的情緒應該會隨著時間而稍微淡化。然而這些年輕教授還是錯了。研究者比較了A組的預測和B組的**實際經歷**，結果驚訝地發現，經過一段時間後，是否獲得終身教職實際上並不會影響幸福感，而A組即使意識到適應效應，還是高估了正向和負向經驗的長久影響。[122]

當然，還有其他因素也可能導致預期和實際經驗產生落差。比如說，人都擅長在發生壞事之後找理由安慰自己，或看到其中的正向之處，像是「反正我的同事都很討厭」、「學生都不爭氣」、「當教授太操了，我一天到晚都在工作，根本沒有自己的生活」、「沒拿到終身教職也好，我後來去當顧問，不只工時合理，薪水還是教授的兩倍」……等，但是人之所以無法準確預測自己的未來感受，絕對有部分是因為沒料到適應效應。

人在得知健康方面的壞消息（例如：愛滋檢測呈陽性）時，也會高估疾病對未來的打擊，並低估自己因應重創的能力。因此，罹患各種常見慢性疾病的老年人，其生活滿意度其實高於主治醫師的預期。[123]

從上述所有例子可以看出，人會適應幾乎任何事，但是在想像未來的生活時，卻總是忽略或低估了適應效應。如果請你想像年收入將增加兩萬五千美元，你心中很快就會湧起加薪那一刻的感受，卻誤以為這樣的感受會一直持續下去。

我們做任何決定時，幾乎都會預想自己未來的情緒反應。要結婚時，會先預測自己在婚後對另一半的感覺；知道有了孩子之後，會開始想像自己對家庭生活的感想；決定念研究所或接受專業培訓前，會預想自己對學校和工作的感觸；打算從都市搬到鄉下時，會想像自己在割草、出門都要以汽車代步的感覺；要買汽車、音響等東西時，會預想自己在未來幾個月和幾年內擁有及使用該產品的心情。

如果人在預測自己的未來感受時，會系統性地犯下明顯錯誤，就可能會做出錯誤決定，即使最後的結果不錯，還是會後悔當初的決定。

深思熟慮值不值得

五花八門的選擇會增加決策的時間和精力等成本，進而加劇「適應」造成的問題。我們在做決定時，都要先「支付」固定成本，包括時間、精力、錯過的機會、預期後悔……等，而這些成本會在該決定的生命週期[4]內「攤銷」掉。如果該決定帶來了大量的滿足，並且持續很長的時間，那先前付出的成本就顯得微不足道；但要是該決定只能提供短暫的滿足感，成本就會顯得很巨大。如果一台音響持續十五年都帶給你愉快的體驗，那當初花了四個月考慮並不算太糟糕；但要是只用了半年就適應了、不再有新鮮感，你可能會後悔自己竟然

4　譯注：即該決定的結果或影響所持續的時間。

像個傻瓜般，花那麼多時間和心力挑選，真不值得。

當我們擁有的選擇越多，做決定時就要付出更多心力，也更期待美好的結果。然而適應效應會大幅縮短某個決定的蜜月期，導致我們覺得當初根本不值得付出那麼多努力。我們在一個決定上投資越多成本，就越期待未來能獲得更多好處，而由於適應效應，做決定時的苦惱往往就變成了糟糕的投資。

可想而知，相較於知足者，最大化者要承受更多「適應」的影響，他們花了大量時間和心力檢視眾多選項，在每個決定上都投資了大量成本，也更糾結於取捨得失，因此當他們發現自己的決定只帶來短暫快感，就會失望透頂。

當然，生存的意義不只是為了追求快樂、滿足等主觀體驗；比起衝動決定，經過深思熟慮、投入大量心力所做的謹慎決定也許會得到更好的客觀結果；而相對於只有少數選擇的世界，擁有豐富選擇的世界也許可以提供較好的客觀選項。然而別忘了，幸福快樂等主觀體驗並非毫不重要。如果適應現象造成的主觀體驗讓人覺得「認真做決定只是白忙一場」，那麼，擁有選擇就變成一種負擔而不是自由。

我們可以怎麼做？

如果你生活在一個痛苦多過於快樂的世界，那麼「適應」效應就很有幫助，它可以給你活下去的力量和勇氣。但如果你生活在一個資源豐富的世界，快樂的來源多過於痛苦的來源，那麼「適應」效應就會破壞你的好事。大多數美國人都生活在富饒的環境，儘管無法隨心所欲地擁有渴望的一切，但是對自己的命運有相當大的掌控權，並享有豐裕的物質生活和選擇自由。雖然適應現象不會抵銷掉自由和富足帶來的客觀好處，但是卻大大減少了我們從這些好處獲得的滿足感。

如果能夠找到遏止適應效應的方法，應該就能大幅提升人們的主觀幸福感，但它就像深植在神經系統的「本能」，是我們面對各種事物的基本反應，所以不太可能直接減緩它的衝擊。

不過，只要意識到「適應」現象，對它的影響就會有心理準備，等到適應效應真正發生時，就不至於太失望。這表示在做決定時，不能只想到明天的感受，還要預想數個月甚至數年後的心情。在決策過程考慮到適應因素，可以讓選項之間看似巨大的差異變得微不足道，也會讓我們對「夠好」的選項感到心滿意足，而放棄追逐「最好」的選項，這樣就不會耗費太多時間和精力在選擇上。最後，我們可以提醒自己：對擁有的一切心存感激。這似乎是老生常談，我們會從長輩和神職人員口中聽到類似的話，然後就當成耳邊風。但是，心懷感恩並經常表達出來的人通常更健康、對未來更樂觀、生活滿意度更高。此外，懂得感恩的人也更機靈、更充滿熱情活力，且更有可能實現人生目標。[124]

不同於適應現象，我們可以自己決定是否要懷抱感恩之情，還可以透過練習而更懂得感激。當我們把注意力放在目前生活比以往更富足進步的地方，或是已經擁有的東西，就可以減少適應效應造成的失落感。

第9章 人比人，煩死人

我幾乎可以保證，手被車門夾到肯定是壞事，兩個人情投意合肯定是好事。但人生中的大部分經歷都無法以如此絕對的角度衡量，而必須考慮其他因素。

當我們在判斷自己是否喜歡某家餐廳、某個假期或某堂課，難免會問「跟什麼比？」所以在決定將來的規畫時，重點不在於一件事的好壞，而是「相較之下有多好或有多壞」。很少有餐廳的菜色真的「難吃」到讓人想吐出來，然後奪門而出，但我們還是會跟朋友說某家餐廳超難吃，他們會理解我們是拿某個標準來比，而那家餐廳顯然在標準之下。「比較」是唯一有意義的衡量指標。[125]

現代的生活環境似乎更容易讓人不滿足，部分原因是，富足的社會中有太多可供比較的元素，而我們總是拿自己的經驗跟這些豐富的事物比較。各位將再次看到，過多選擇是造成匱乏感的元兇。

期待、預期、過去經驗，以及他人經驗

人在評價某個經驗時，通常會做下列一或多個比較：

1. 跟期待情況相比。
2. 跟預期情況相比。
3. 跟過去經驗相比。
4. 跟他人經驗相比。

上述比較都會使某個經驗的評價變得相對較好或較差（而非絕對）。如果有個女士要去A餐廳吃大餐，而且剛好看到這家餐廳的好評，那她的期待和預期就會很高；如果她不久前在另一家餐廳吃過美食，那過去經驗設下的比較標準也會很高；如果她在用餐前，聽到朋友

口沫橫飛地描述最近吃過的好料，這樣的社交經歷也會讓比較標準變高。所以這家餐廳的廚師正面臨很大的挑戰，必須做出一頓佳餚好讓這名顧客的快樂溫度計上升。反之，如果她是因為很餓才隨便走進A餐廳，這家餐廳看起來很普通，菜色也一般，而她前一天才在另一家餐廳踩過雷，她朋友也跟她抱怨最近一次糟糕的用餐體驗，那她對A餐廳就不會太挑剔。同樣的餐廳，同樣的餐點，在第一種情況可能會得到負面評價，第二種情況卻可能得到正面評價。人通常不會意識到自己對餐廳的評價不僅是針對餐點本身，也跟個人踏進餐廳時的狀態、期待、經歷……等因素有關。

同樣，在難度很高的考試中得到B⁺，既可能讓快樂值升高，也可能下降，取決於你期待得到B或A？你預期自己能得B或A？你通常都拿B或A？以及同學的成績如何？

社會科學家米卡洛斯（Alex Michalos）曾探討人對於「體驗」的主觀評價，並指出人是根據三種差距來評估滿意度：第一、個體擁有的東西和渴望之間的差距。第二、個體擁有的東西和猜想別人擁有的東西之間的差距。第三、個體目前擁有的和曾經擁有過最好的東西之間的差距。米卡洛斯發現，滿意度之所以有個別差異，主要是因為上述三種主觀感知到的差距不同，而非客觀經驗不同。[126]我認為還要再加上第四種：個體擁有的東西和預期自己會擁有的東西之間的差距。

隨著物質生活和社會環境進步，我們的比較標準也越來越高。一旦體驗過高品質的事物，就會遭受「由奢入儉難的詛咒」，原本可以接受較低品質的東西，現在卻覺得它變得不夠好。當快樂溫度計的零點不斷提高，期待和欲望也會跟著高漲。

從某方面來看，標準提高是進步的象徵，只有當消費者的要求更高，市場才會提供更好的東西。客觀而言，由於社會成員對於「好」的標準越來越高，現代人的物質生活才會比以往任何時候都還要好。

但是在主觀上就不是如此了。如果你對快樂程度的評估，取決於某個經驗的「客觀品質」和你的「期待」之間的差距，而隨著經驗品質逐漸提高，期待也會不斷上升，因此你的快樂值只會停留在原點。第8章提到的「享樂跑步機」和「滿足跑步機」可以解釋，為何人們的實際收入翻了一倍（美國）或四倍（日本），主觀幸福感卻沒有顯著增加。如果人們的期望總是隨著現實情況同步提升，那麼生活品質可能會變好，但人們並不會這麼覺得。

你的快樂程度「零值」是從何而來

第3章提過一項重要理論，用來解釋人如何評估主觀經驗，即康納曼和特沃斯基提出的「**預期理論**」。預期理論認為，主觀評價都是跟某個基準比較而來，一個體驗要是比之前好，當事人就覺得是正向體驗；要是比之前差，當事人就會覺得是負向體驗。[127]因此，要了解自己會如何評價某個經驗，就必須先知道自己將快樂溫度計的零點設在哪裡。

第3章也強調了語言會如何影響體驗的框架，進而影響零點（比較基準）的設置。甲加油站在招牌上寫著「付現折扣」，消費者就會把刷卡價格定為零點；乙加油站則在告示上寫「刷卡加收」，消費者就會把現金價格定為零點。雖然兩家加油站的收費完全相同（不論刷卡或付現），但消費者會不滿意乙加油站加收費用，而因為甲加油站有折扣而開心。

不過，除了語言表達方式，**還有其他因素也會引響零點的設置**，例如「預期」。人們會在心裡想：「我對這頓飯（這次考試成績、這支紅酒、這趟旅程、這份工作、這段戀情）的預期是什麼？」，然後又問自己：「實際上如何？」。如果實際體驗跟預期一樣好，就會感到滿意，但不會非常開心；只有當體驗超出預期，才會真正感到快樂；而要是體驗不如預期，就會失望、痛苦。「過去經驗」也會影響零點的設置，這在某種程度上也是「適應」的一部分。人們會自問：「這次經驗跟上次一樣好嗎？」，如果答案是肯定的，也會感到滿意，但不會非常興奮。

高期望的詛咒

一九九九年秋天，《紐約時報》和哥倫比亞廣播公司新聞網（CBS News）採訪了一群青少年，請他們比較自己和父母的成長經歷。[128]結果平均來說，四三%的青少年認為自己的生活比父母當年更辛苦，但奇怪的是，其中不少是來自富裕家庭（富裕家庭的孩子有五〇%認為自己比父母當年更辛苦）。進一步調查後發現，富裕家庭的青少年不但生活在自己和父母的高度期望下，而且許多事對他們來說都「太多了」，太多活動、太多消費選擇、太多東西要學。[129]當低收入家庭的孩子慶幸電腦和網路幫他們輕鬆完成作業，富裕家庭的孩子卻抱怨電腦和網路讓他們必須過濾更多訊息。一名評論者指出，「在社會壓力下，孩子覺得自己必須不斷進步，而不允許自己退步，失敗對美國人來說簡直是惡夢。」所以如果你的起點越高，那麼相較於起點低的人，你就要承受更多失敗風險。正如作家艾倫瑞克（Barbara

Ehrenreich）所言，「害怕失敗」是高度期望的詛咒。

高度期望的詛咒也反映在健康和醫療保健上。以美國為例，雖然在管理式醫療制度下，許多人因為無法及時獲得妥善的醫療服務而不滿，但平心而論，今日美國人的健康狀況確實比過去任何時期都還要好，平均壽命更長、生活品質更好。不過，就像醫學歷史學家波特（Roy Porter）所言，在這個年代，人們享有前所未有的長壽和控制疾病的能力，然而對健康的焦慮也到達前所未有的程度。[130]美國人不但希望活得更久，還希望各項能力都不會隨著老化而下降，因此，儘管現代醫學科技確實延長了壽命，卻無法完全滿足人們的期望。

我認為造成高度期望的原因，除了經驗品質不斷提高，還因為我們擁有太多選擇和掌控權。幾年前，我到奧勒岡州的海濱小鎮度假，有天我走進當地一家小雜貨店，打算買些晚餐的食材，店裡只有十幾種酒，雖然我買的那瓶不是很頂級，但因為我不期待會在那裡買到好酒，所以基本上還算滿意。相反地，假如我當時是在一家提供上千種選擇的酒窖，我的期望就會很高，要是最後買到的酒跟在小雜貨店買的那瓶差不多，我一定會大失所望。

回到本書開頭的例子，如果只有一款牛仔褲，不管它長什麼樣子，我都會滿意。然而現在，面對著緊身褲、休閒褲、寬鬆褲、直筒褲、闊腿褲……等各種版型，還有其他叫不出名字的款式，我的標準就變高了。有了這麼多選擇，我不免期待買到一條彷彿專門為我量身訂做的完美牛仔褲。看來，選擇增加勢必會讓人提高期望。

這種現象會導致越來越多人成為最大化者。按照大致的定義，成為最大化者就意味著擁有高標準和高期待，再加上「期待」會影響人對快樂的主觀評估，因此知足者認為的正向體驗，對最大化者來說卻很可能是負向體驗。

這帶來的啟發是，期望太高反而會事與願違。也許最能改善生活品質的唯一方法，就是控制自己的期待。保持適度期待的好處是，許多體驗可能因此而變成令人愉快的驚喜，或是帶來出乎意料的快樂。但難就難在，該如何保持適度期待？尤其是客觀生活品質不斷提升的情況下。

方法之一，就是讓美好體驗變得稀有而珍貴。不論你是否財力雄厚，請把最好的酒留到最特別的時刻享用，把那件剪裁完美、風格優雅的絲質襯衫留到最特別的場合再穿。雖然聽起來像是在練習「克制欲望」，但我反倒認為這樣做才能確保自己持續體驗快樂。如果美食、美酒、美麗的服裝不再讓人快樂，擁有這些東西又有什麼意義？

社會比較的詛咒

評價經驗時，最重要的依據也許是「跟他人比較」。照理來說，「我的表現如何？」應該取決於自己的過去經驗，以及抱持的目標和期待，不過這個問題幾乎脫離不了社會比較的意味，事實上人們問的是，「跟別人比起來，我的表現如何？」

透過「社會比較」得到的訊息確實有助於評價自己的經驗，尤其是許多經驗都很模稜兩可，難以做出確切的判斷或解釋。[131] B^+ 算是好成績嗎？你的婚姻幸福嗎？需要擔心十歲的兒子沉迷於搖滾樂嗎？你的工作表現是否有被看見？關於這類問題，雖然不需要觀察別人就可以得到大概答案，但還是不夠。參考別人的情況可以幫助我們調整自己的評估，進而促使我們決定是否要採取某些行動。

第7章提到，人會形成向上反事實思維（想像更好的結果）和向下反事實思維（想像更糟的結果），在進行社會比較時也是如此，會跟表現更好的人比較（向上社會比較），也會跟表現更差的人比較（向下社會比較）。一般來說，「向下社會比較」會讓快樂指數上升，「向上社會比較」則讓快樂指數下降。事實上，社會心理學家也發現，向上比較會引發嫉妒、敵意等負面情緒，還會導致挫折、自尊心低落、幸福感下降，以及各種壓力症狀。反之，向下比較則會提升自尊、增加正面情緒、減少焦慮。

但每個人的反應不盡然相同，有時向上比較會產生正面效應，而向下比較會產生負面效應。[132]如果知道別人的情況更糟，或許就會認為自己也可能變得更糟。當你跟處境較差的人比，可能會因為優越感而沾沾自喜，也可能會感到內疚、尷尬、擔心遭人嫉妒和怨恨，或害怕自己也落得同樣下場。而當你跟處境較好的人比，也許會嫉恨，但也可能會受到激勵和鼓舞。例如在一項研究中，當癌症患者知道病友的情況好轉，就會變得比較開朗，因為覺得自己的病情也有望改善。

「社會比較」和「反事實思維」在許多面向都很類似，不過有個重要差異，就是我們對這兩者的掌控程度。原則上，我們可以輕易控制自己何時以及如何進行反事實思維，這樣的主控權只會受到想像力的限制。但我們對社會比較的掌控度較低，只要生活在社會裡，勢必會得知別人的情況，並受到衝擊。老師公布全班的成績分布，把你的B⁺公開跟別人比較；你和另一半在去派對的路上吵架，到了現場卻發現周遭都是看起來很恩愛的伴侶；你剛失去升遷機會，卻聽說你姊姊在工作上一路順遂——我們無法避開這些訊息，唯一能做的最好方式，就是盡量別放在心上。

競逐地位：寧為雞首，不為牛後

人進行社會比較的主要原因，是因為在意自己的地位，而地位自然牽涉到社會比較。我們之所以從成就和財富獲得滿足，部分在於我們知道不是每個人都能擁有這些東西。當其他人迎頭趕上，在「地位競賽」中的領先者其欲望就會變大，以維持自己的優勢地位。

經濟學家法蘭克（Robert Frank）在其著作《選對池塘》（*Choosing the Right Pond*）中指出，我們渴望成為所在池塘裡的大魚，而這樣的心態會影響我們的社會生活。[133]如果把全世界當成一個池塘，而且每個人都要跟其他所有人比較，那麼幾乎所有人都是輸家。畢竟在一個有鯨魚的池子裡，就連鯊魚也顯得很渺小。所以我們不會跟全世界的人比，而是把世界切分成幾個部分，好讓我們跟**自己**池塘的參照群體相比會變成人生勝利組。在小事務所擔任排名第三、年薪十二萬的大律師，總好過在大事務所當排名中等、年薪十五萬的普通律師。獲得快樂——或者說成功獲得地位的方法，就是找到對的池塘，並且待在裡面。

人到底有多在意自己的地位？幾年前，一項研究讓受試者從兩兩一組的假想情況中，選擇自己偏好的那個。例如：比較想要「自己年薪五萬美元，而別人年薪兩萬五千美元」，還是「自己年薪十萬美元，而別人年薪二十萬美元」；寧願「自己的教育程度十二年（高中學歷），而別人只有八年」，還是「自己的教育程度十六年（大學學歷），而別人都有二十年」；希望「自己的智商一一〇，而別人只有九〇」，還是「自己的智商一三〇，而別人卻有一五〇」。結果在大多數情況下，超過半數的受試者都選擇相對地位較高的處境。[134]與其在大池塘裡做一條賺十萬美元的小魚，不如在小池塘裡當一條賺五萬美元的大魚。

地位、社會比較和選擇的關係

人向來都在意地位，這不是什麼新發現，但我認為現在的情形比以往更嚴重，同樣，這又跟「選擇過多」有關。回到法蘭克的池塘理論，什麼才是「對」的池塘？如果無法避免社會比較，那我們都跟誰比？早年大家當然只能跟現實生活中的小圈子比，例如鄰居或親朋好友，因為無法得知沒有接觸過的人的情形。然而拜電視、電影、網路等電信技術蓬勃發展所賜，如今幾乎每個人都可以得到關於任何人的資訊。[135]五十年前，住在藍領社區的人應該會滿足於自己的中低收入，因為生活周遭的人都差不多，不太會受到刺激而幻想著提升地位。但現在就不一樣了，每天都有各種機會見識到何謂「有錢人的快樂」。我們現在就像住在一個巨大池塘裡，羨慕並渴望別人的生活。因此即使中低階層的生活品質已有改善，卻依然因為經常不切實際地跟金字塔頂端比較，而導致生活滿意度大打折扣。

臉書等社群網站更加劇了上述問題。人們不會在臉書上呈現無聊、乏味的生活，不會提到自己在面試時被刷下來，也不會分享不愉快的旅遊照片。儘管我們也許知道大家只會在網路上選擇性地呈現最美好的那一面，卻還是會忍不住跟別人比較，因而不滿意自己的生活。

過度競爭造成的內耗

如果關於地位的討論就停在這裡，很可能得到下列結論：只要教導大家不要太在意地位，就能減少「社會比較」造成的不滿。因為「社會比較」帶來的失落感被解讀為由「個人層面」擴散到整個社會的問題，所以只要逐一改變個人態度，就可以改善此問題。

但是，就算大家能夠學會不過度重視地位，仍然不會滿足於現況，因為有正當理由相信，無論擁有多少資源或財富都不夠。我們的社會及經濟體系有部分是建立在稀缺資源和高需求商品的分配不均上，這樣的系統必然會導致大家陷入永無止盡的社會比較和匱乏感之中，因此，如果不改革體制，光改變個人態度是行不通的。

如同第4章提到的，經濟學家赫希在其著作《成長的社會限制》（*Social Limits to Growth*）中指出，雖然科技發展讓一畝地能夠養活更多人，讓一千美元能夠生產更多小兒麻痺疫苗、造福更多兒童，但還是有些商品不會隨著科技進步而變得更普及。[136]不是每個人都能在海邊擁有一畝僻靜的土地，不是每個人都能從事最有趣的工作，不是每個人都能當老闆，不是每個人都能進入最好的大學或加入最棒的鄉村俱樂部，不是每個人都能在「一流」的醫院接受「一流」醫生的治療。這類商品被赫希稱為「地位商品」（positional good），因為得到它們的可能性取決於個人社會地位。無論你擁有多少資源，如果其他人也擁有同樣多的資源，你獲得地位商品的機會就很渺茫。有時某些商品被歸為地位商品，只是因為供應量有限，好比不是每個人都有辦法在客廳掛一幅梵谷的真跡。此外，有能力獲得地位商品的人越多，該商品的價值就越低。例如，紐約有幾處美麗的海灘，可以容納數千人。但是當越來越多人湧進，這些海灘就顯得擁擠不堪，甚至連躺下的空間都沒有，還很吵雜、骯髒，讓人無法獲得片刻安寧，也沒有宜人的風景可欣賞，甚至連通往海邊的公路都變成了停車場。在這種情況下，想要享受美麗海灘的唯一方法，就是離開紐約到更遠的地方，或者設法擁有一座私人海灘，但是要很閒，或是口袋夠深才辦得到。

大家應該都同意，假如放棄對地位的爭奪，生活就會更快樂。[137]地位競爭讓人倍感壓力，不但浪費時間和金錢，也扭曲了我們的生活。父母當然希望給孩子最好的一切，因此總是鼓勵孩子用功唸書，將來就能考取好大學；而其他家長也是如此，所以父母只好逼得更緊，但其他家長也會這麼做，所以父母把孩子送去課後輔導、為她安排教育夏令營，其他家長也做了同樣的事，於是父母到處借錢讓孩子唸私立學校，其他家長立刻跟進，父母只好不停叮嚀孩子要成為傑出的音樂家、運動員……總之就是要出人頭地，甚至為孩子聘請家教和私人教練，但想也知道，其他家長也如出一轍，或至少那些還沒破產的家長都會卯起來加入戰局。至於那個可憐的孩子，因為承受父母的期望而備受折磨，對於父母口口聲聲說是為她好而逼她去做的事都失去了興趣。

學生就算對課程不感興趣，還是得努力獲得好成績。上班族就算挺滿意目前的工作，還是會尋找更好的機會。這就好像在人山人海的足球場看一場關鍵比賽，前排觀眾為了看得更清楚而站起來，後排觀眾只好跟上，於是引發連鎖反應，很快地，每個觀眾都站了起來，就只為了獲得跟剛才一樣清楚的視野。[138]每個人都從舒服地坐著變成辛苦地站著，但大家都沒有得到更好的觀賞位置。如果某個人堅持不站起來，他的票就等於白買了，因為完全看不到比賽。同樣，人們在追逐地位商品時，也會不由自主地加入激烈競爭的行列，要是不跟著一起搶就輸定了。[139]

比較與情緒的交互影響

雖然社會比較的訊息無所不在，但顯然有些人不會關注這類訊息，或至少不會受其影響。心理學家柳波莫斯基和同事做了一系列實驗，探討人對社會比較訊息的反應差異，結果發現，快樂的人較不受這類訊息影響。

首先，柳波莫斯基等人發展了一份「主觀快樂量表」（Subjective Happiness Scale），如表5，用來評估受試者的長期快樂程度（而不是特定時刻的心情），並根據量表分數將受試者分成兩組：較快樂的人和較不快樂的人。[140]

表5：主觀快樂量表

針對下列各項陳述或問題，請圈選出你認為最符合自己的描述：

1. 整體上，我覺得自己（不是非常快樂，非常快樂）
2. 跟同伴相比，我覺得自己（較不快樂，較快樂）
3. 有些人總是很快樂，不論發生什麼事，都能樂在其中，並從中得到收穫。這段描述是否符合你的特質？（完全不符合，完全符合）
4. 有些人總是不開心，雖然沒有憂鬱症狀，卻沒有表現出應有的快樂。這段描述是否符合你的特質？（完全不符合，完全符合）

資料來源：克魯維爾學術出版社（Kluwer Academic Publishers）

接下來，研究團隊設計了一項實驗：受試者必須完成解字謎的任務，同時旁邊會有另一人（其實是實驗者的同夥）也在進行同樣任務，這個人有時會故意表現得比受試者好，有時比較差。受試者在解完字謎後，還要評價自己的能力和這項任務帶來的感受。柳波莫斯基發現，不論身旁的夥伴表現得較好或較差，快樂的人幾乎不受影響。此外，快樂的人在完成任務後，對自我能力和心情的評價都提升了。最後，比起跟表現較好的夥伴共事，快樂的人如果跟表現較差的夥伴共事，自我評價會稍微高一點，但不論身旁的夥伴表現如何，快樂的人的自我評價都會提升。相反地，不快樂的人如果跟表現比自己差的夥伴共事，對自我能力和心情的評價都會提升；但如果跟表現比自己好的夥伴共事，其自我評價就會**下降**。

在第二項實驗中，受試者必須兩兩一組，一起為學齡前兒童錄製教學影片，結束後，一名「專家」（由實驗者的同夥假扮）會針對每名受試者的表現給予詳細回饋。該實驗的目的，是要了解專家回饋會如何影響受試者的心情。結果，快樂的人得到好評時會開心，得到負評時會難過，但心情絲毫不受夥伴得到的回饋影響。反之，不快樂的人情緒很容易隨著夥伴得到的回饋而起伏。如果不快樂的人得到好評，卻得知夥伴得到更高的評價，心情就會變差；如果得到負評，但夥伴得到的評語**更糟**，心情就會變好。看來，**對不快樂的人來說，「自己跟別人比起來如何」才是唯一重要的事**。他們寧願被說是糟糕的老師，而其他人更糟，也不願意聽到自己是優秀的老師，但別人更優秀。

得到上述研究結果之後，柳波莫斯基在後續研究中進一步探討：是什麼因素導致快樂和不快樂的人在相同情境下做出截然不同的反應。她發現，如果這兩組人在得到負評之後，都被引導去思考其他事情來轉移注意力，他們的差異就消失了，不快樂的人的反應變得跟快樂的人一樣。而如果在得到負評之後都被引導去回想這些評價，那麼他們的差異也會消失，只不過，這次是快樂的人的反應變得跟不快樂的人一樣。柳波莫斯基推論，關鍵區別在於，知道壞消息之後進行的是「轉移注意力」還是「反芻思考」。快樂的人能夠轉移自己的注意力，放下過去的挫折，繼續向前看；不快樂的人則會陷入負面迴圈，越想越難過。

光從這項研究很難判斷其中的因果關係，到底是不快樂的人更容易陷入社會比較的迴圈中，還是不斷反芻社會比較的訊息會讓人不快樂？我認為雙向都成立，不快樂的人由於傾向反芻思考而容易陷入情緒的惡性循環，而社會比較也讓這樣的惡性循環變得更嚴重。至少從目前的研究結果可以得知，社會比較並不會改善人對自己所做選擇的滿意度。

最大化、知足和社會比較

人對社會比較的反應，並非只受到快樂程度的影響，同樣地，也跟追求最大化或知足有關。

第4章提過關於最大化者的研究，其中我的團隊也重複了上一節提到的第一項實驗：讓受試者跟另一個表現較好或較差的夥伴同時解字謎。不過我們的受試者會先填寫最大化量表。[141]結果發現，最大化者比知足者更容易受到旁人的影響。跟表現較好的人一起解字謎，不但讓最大化者心情變差，也讓他們覺得自己的能力很差。知足者的心情和自我評價則不受社會比較訊息影響。

此外，我們也調查了這兩組人的購物情形，同樣發現，最大化者比知足者更關注社會比較訊息，像是更關心別人買了什麼，主觀滿意度也更容易受別人的滿意度影響。

考量到最大化者的訴求，就不會對上述結果感到意外。最大化者渴望擁有最好的東西，而如果不跟別人比較，要怎麼知道自己的最好？但是當選擇過多，找到「最好的」就變得極為困難，導致最大化者被困在不斷跟別人比較的枷鎖裡。

知足者就沒有這些困擾。知足者追求的是夠好的結果，雖然別人的經驗有助於決定何謂「夠好」，但知足者不需要向他人借鏡，自己就有一套判斷準則。「夠好的」薪水就是能讓自己負擔得起舒適的小窩、買幾件不錯的衣服、偶爾享受夜生活……等等，所以別人賺多少並不重要。而夠好的音響就是能滿足個人對於音質、便利性、外觀、耐用度……等要求的音響。

從這兩種風格迥異的行為模式中，可以發現一個矛盾的現象。「最大化」一詞表示渴望最好的事物，意味著絕對標準。而不管尋找的過程有多艱辛，「最好的」東西都只有一個，那麼照理來說，抱持絕對標準的人應該不會特別在意別人的舉動，也不容易受別人影響。相對地，「知足」表示渴望夠好的事物，意味著相對標準——相對於自己和他人的先前經驗。然而，我們看到的事實卻正好相反，最大化者抱持的是相對標準，而知足者卻採取絕對標準。理論上，「最好」是獨立於他人擁有的東西而存在的理想事物，但實際上，要找到最好的東西實在太難了，只好仰賴跟他人比較。另一方面，「夠好」並不是眾所皆知的客觀標準，而是一種主觀判斷，但關鍵是，判斷者不會跟他人的標準或成就比較，也不需要這麼做。所以再次證明了，面對滿坑滿谷的選擇，知足才是保有自主性的最好方法。

過多選擇也會助長比較心態

我們已經知道，選擇越多，就越難收集必要訊息並做出決定。而越難收集必要訊息，就會越依賴他人的決定。就算你沒有打算為家裡的廚房更換最好的壁紙，但面對上千種選擇時，要找到夠好的壁紙，最快的方法就是參考別人的選擇。所以，過量選擇會促使你關注別人的行為，然而當你越常進行社會比較，就越容易受其影響，而且往往是負面影響。換句話說，充滿選擇的世界迫使我們在做決定前先觀察別人的舉動，等於鼓勵我們進行社會比較，最後卻經常導致我們覺得自己的決定很糟糕。因此，眾多選擇之所以會降低我們對所選項目的滿意度，社會比較也是其中一條導火線。

第10章 是誰的錯？選擇、失望、憂鬱

前幾章提過，雖然比起選擇有限的世界，在無限選擇的世界應該會得到更好的客觀結果，但我們卻感覺更糟。而且其中隱含的風險可不只是輕微失望而已，我認為「擁有無限選擇」會造成嚴重痛苦。不論或大或小的決定、不論購物、工作和人際關係上的抉擇，當結果令人失望，我們就會問「為什麼」，而最後通常會歸結為自己的錯。

超過一世代以來，美國人的「幸福／快樂指數」正緩慢地持續走下坡。[142]雖然美國的國內生產總值（GDP，衡量社會富裕程度的主要指標）在過去四十年內成長了一倍，然而自認為「非常快樂」的人口比例卻下降五％左右，聽起來也許不高，卻相當於有一千五百萬人在四十年前認為自己很快樂，如今卻不這麼認為了。當人們被問到更具體的問題，例如對

婚姻、工作、經濟狀況或居住環境的滿意度，數值也呈現下降的趨勢。看來，雖然社會越富裕，人們越能自由地追求或從事自己想要的一切，卻越不快樂。

在所有反映社會幸福感下降的現象中，最引人注目的就是憂鬱症盛行。[143]憂鬱症是「快樂連續向度」上最極端的負值。根據估計，二〇〇〇年美國罹患憂鬱症的人口大約是一九〇〇年的十倍。

憂鬱症的症狀包括：

- 對工作和家庭生活等日常活動都失去興趣或樂趣
- 疲憊，沒有活力
- 覺得自己毫無價值，有罪惡感，經常自責
- 猶豫不決
- 無法專心思考
- 反覆出現跟死亡有關的想法，包括自殺意念
- 失眠
- 失去性慾
- 失去食慾

- 悲傷，感到無助、無望
- 自卑

憂鬱症不但讓患者本人極為痛苦，也對整個社會造成嚴重負擔。憂鬱症患者的朋友、同事、伴侶和孩子也會深受其害，例如孩子無法獲得妥善照顧、家人和朋友受到忽略或情感上的傷害、同事必須承擔額外的工作壓力。此外，憂鬱症患者更容易生病。輕度憂鬱症患者缺勤的次數是一般人的一．五倍，重度憂鬱症患者缺勤的次數則高達五倍。憂鬱症也因為各種原因而過早死亡，例如心臟病。憂鬱症最極端的後果是自殺，患者的自殺率是大約是一般人的二十五倍，而根據估計，有自殺傾向的人之中，超過八成患有嚴重憂鬱症。[144]

憂鬱症是相當複雜的疾病，會造成各種不同的病徵，而且當然不是由單一因素所引發。隨著我們對憂鬱症的認識不斷提升，這個目前仍被當成單一疾病的病症，未來可能會被視為一系列相關障礙症，彼此雖然有重疊病徵，但是各有不同病因。因此各位應該能夠理解，下面對憂鬱症的討論並不能涵蓋所有患者的經歷，但我們仍然可以透過某些特定主題，而更加了解這一現象。

習得無助、控制感，以及憂鬱

第5章提過塞利格曼等人發現的「習得無助」現象，他們進行了一系列動物基本學習歷程的實驗，訓練動物跳過柵欄以避開腳下的電擊。[145]動物通常很快就能學會怎麼做，但有一組動物，因為先前經歷過一連串無法躲避的電擊，所以始終都學不會，牠們甚至放棄嘗試，只是待在原地乖乖接受電擊，而從不試著跳過柵欄。研究者的解釋是，當動物遭受自己無法控制的電擊，就會學到不管怎麼做都無濟於事，這樣的習得無助感會轉移到新情境，即使牠們能夠控制這個新情境，還是會放棄嘗試。

塞利格曼深入研究習得無助現象之後，驚訝地發現，這些無助的動物跟憂鬱症患者有許多共同點，尤其是兩者的消極心態，憂鬱症患者有時連「今天要穿什麼衣服」這樣的小事都力不從心。塞利格曼推論，至少有部分憂鬱症患者是因為經歷過一次強烈的失控感，於是開始相信自己對任何事都無能為力，並認為這種無助感會一直持續出現在各種情境。根據塞利格曼的假設，擁有控制感對於心理健康至關重要。

五十多年前，一項研究以三個月大的嬰兒為受試者，凸顯了控制感的重要性。[146]研究者將嬰兒分成兩組，A組是有控制權的嬰兒，他們躺在嬰兒床上，頭靠著枕頭，床的上方倒掛著一把半透明的傘，裡面用彈簧黏著幾隻動物玩偶，如果嬰兒轉一下頭，傘裡的燈就會亮起，嬰兒就可以看到那些玩偶在「跳舞」，但一會兒燈就熄滅了。當A組嬰兒碰巧轉頭，讓傘裡的燈亮起並看到玩偶，他們就會表現出好奇、開心和興奮的樣子，而且很快就學會利用轉頭來控制玩偶的出現，然後一次又一次重複這個動作，看起來一直都很開心。B組嬰兒則沒有控制權，只有在A組轉頭時，他們床上的燈也跟著亮起，才可以「順便」看到玩偶，所以B組看到玩偶的次數和時間都跟A組一樣多，但他們只有在一開始表現得跟A組一樣開心，然後很快就因為適應而失去興趣。

研究者從兩組嬰兒的反應差異，得到下列結論：讓嬰兒一直很開心的原因，並不是會跳舞的動物玩偶，而是控制感。A組嬰兒之所以對著玩偶咯咯笑個不停，是因為他們似乎知道是自己讓這一切發生，「是我幹的好事，很棒吧，而且只要我想要，隨時都可以再來一次」。B組嬰兒雖然什麼都不用做就可以看到玩偶，但是卻沒有體驗到這種令人興奮的控制感。

小嬰兒幾乎無法控制任何事物，既不能任意靠近自己想要的東西，也無法離討厭的東西遠遠地。他們無法靈活控制自己的手，所以抓取或操作物品都很吃力。他們還會無預警地被被東戳戳、西捏捏，或是被抱起又放下。小嬰兒的世界就是只能被動讓事情發生在自己身上，任由別人擺佈。或許正是基於這個原因，當他們偶然發現自己可以控制那麼一點小事，就異常在意和興奮。

另一項研究以生命的另一端——老年人為受試者，也戲劇化地證明了「控制感」對於幸福快樂的重要性。[147]研究者告訴A組養老院的住民必須為自己負責、照顧好自己；B組住民則被告知他們的一切生活起居都由工作人員打理。此外，A組每天都要決定一些簡單的事，並照顧一盆植物；B組則沒有任何決定權，他們的植物也由工作人員照顧。結果，A組老人（對自己的生活有一定的控制權）比B組（沒有控制權）更有活力、更靈敏，主觀幸福感也更高。最引人注目的是，A組的平均壽命比B組多好幾年。可見，從出生到死亡，人都需要擁有對生活的掌控權。[148]

無助感、憂鬱和歸因風格

塞利格曼的「無助—憂鬱理論」仍然受到質疑，最大的問題是，並非每個失去掌控感的人都會陷入憂鬱。因此，塞利格曼和同事在一九七八年修正了這一理論，並指出在無助感和憂鬱之間，還存在另一個重要的心理歷程。[149]根據修正後的新理論，人在失敗和失去掌控感之後，會問自己為什麼，像是「為什麼他要跟我分手？」「為什麼我被刷下來？」「為什麼我沒有談成那筆生意？」「為什麼我的成績這麼爛？」。換句話說，人會尋找失敗的原因。

塞利格曼等人認為，人對事情的解釋——即歸因風格（attributional style）大致有兩種，每種風格都傾向接受特定類型的原因，而這些原因不一定跟實際情形有關。根據歸因風格的特性，造成失敗的原因可以分成三個向度：全面或特定、長期或短暫、內在或外在。

假設你去應徵一份行銷業務的職缺，卻沒被錄取，你在分析自己為什麼會失敗時，下面是一些可能的原因：

全面：我的自傳和履歷都寫得不好，面試時又很緊張，看來不管找什麼工作都不會被錄取了。

特定：我對那家公司的產品類型不太了解，我得多做一些功課，面試時才能脫穎而出。

長期：我的個性不是很主動積極，也無法擔負責任，這份工作根本不適合我。

短暫：我最近感冒，好幾天沒睡好，面試時狀態不佳。

內在：原本應該可以順利得到這份工作，是**我自己**搞砸了。

外在：他們應該早就內定好了，找人去面試只是做做樣子，大家都是去陪榜的。

如果你用特定、短暫、外在因素去解釋自己為何沒被錄取，那麼你對下次找工作的預期會是什麼？你也許會想：如果去應徵自己熟悉的領域，並且保持睡眠充足，自己也更主動機靈一點，而且面試沒有黑箱作業，一切就會很順利。換句話說，這次的失敗經驗不太會影響下次找工作的表現。

反之，假設你用全面、長期、內在角度看待自己的失敗，認為自己的履歷毫不起眼，面試時老是緊張得說不出話，而且個性太被動，別人都比自己更適合這份工作，那麼你預期的未來就會黯淡無光，你不但沒得到這份工作，接下來要找任何工作都會很困難。

修正後的「無助—憂鬱理論」認為，如果用全面、長期、內在因素去解釋失敗，那麼由失敗或失去掌控所引發的無助感才會導致憂鬱，因為在這種情況下，人有充分理由預期自己將不斷遭遇失敗。既然註定會失敗，那麼每天起床、換好衣服，繼續應徵下一份工作又有什麼意義？

對上述理論的檢驗已得到令人矚目的結果。[150]人確實會表現出不同的歸因風格，「樂觀者」會將自己的成功解釋為全面、長期、內在因素所致，而認為失敗是由特定、短暫、外在因素造成。「悲觀者」則恰好相反。如果兩個人得到同樣的分數，樂觀者會說「我得了A」或「她給我成績打C」，悲觀者卻說「她給我打A」或「我得了C」，因此悲觀者更可能陷入憂鬱。此外，從一個人的歸因風格也可以預測他未來遭受失敗時是否會憂鬱。如果認為失敗的原因是全面性的，就會預期自己在其他生活領域也會遭遇失敗，而如果歸因於特定因素則不會這麼想；如果認為失敗的原因是長期性的，就會預期失敗將一直發生，而如果歸因於短暫因素就不會這麼想；如果認為失敗是跟個人內在因素有關，自尊就會遭受嚴重打擊，而如果歸因於外在因素則不會如此。

這並不表示，把功勞都歸於自己，把失敗都歸咎於外在環境，就是擁有成功、幸福人生的祕訣。最好的方法是面對現實、做出正確歸因，雖然這樣做可能會造成情緒負荷，但準確分析成敗原因，並找出問題所在，才可能在下一次獲得更好的結果。[151]不過平心而論，在大多數情況下，過度自責確實會造成不良心理後果。正如接下來所要探討的，在擁有無限選擇的世界，人們更容易因為結果不如意而自責。

現代人更自主，也更憂鬱

生活在其他時代和其他地方的人，肯定無法想像今日美國的中產階級所享有的掌控權和個人自主權。數百萬名美國人可以選擇自己想要的生活，幾乎不受物質、經濟和文化局限。他們可以決定自己是否要結婚，以及何時、跟誰結婚，而不是由父母作主；他們可以穿自己想穿的衣服，而不受宗教領袖限制；他們可以選擇自己想看的電視頻道或報紙，而不被政府干涉。既然美國人有如此高的自主權，根據憂鬱的習得無助理論，照理來說，憂鬱症在美國應該會接近絕跡。

然而實際上，罹患憂鬱症的案例數卻呈爆炸性增加，塞利格曼甚至形容為流行病。將近七%的美國人在一年中會經歷一次嚴重憂鬱發作。此外，患者似乎有越來越年輕的趨勢，根據最近的估計，約五%美國人罹患憂鬱症時不到十四歲，這個比例是上一代年輕人的兩倍。[152]

憂鬱最極端的表現是自殺，其比率也逐漸升高，而且發生年齡也在下降中。在美國高中生和大學生之中，自殺是第二大死因，僅次於意外。在過去五十年內，美國大學生的自殺率增加了一倍以上。在所有已開發國家中，青少年和年輕成人的自殺率不斷上升。聯合國兒童基金會（UNICEF）將一九九〇年的自殺率跟一九七〇、一九八〇年代的自殺率進行比較，結果發現法國青少年的自殺率增加了兩倍，挪威增加一倍多，澳洲增加一倍，加拿大、英國和美國則增加了〇．五倍以上。只有在日本和當時的西德，青少年自殺率才有下降的趨勢。[153]

在這個個人自主權和掌控權已顯著提升的時代，究竟是什麼原因導致人們如此痛苦？

不斷上升的期望

我認為這幾年來，隨著掌控感增加，人對於「控制」的期望也同步提升。我們越能做自己命運的主人，就越期待自己能掌控更多事。我們接受的教育應該要符合興趣又可應用；我們的工作應該要能帶來自我成長、社會價值和豐厚的報酬；我們的另一半應該要集智慧、性感、善解人意於一身，還要對我們忠誠、適時給予我們安慰和支持；我們的孩子應該要聰明可愛、乖巧貼心，而且能夠獨當一面；我們買到的商品都必須是最好的。既然有這麼多選擇，就不應該屈就於「夠好」的東西。我認為，正是現代人對於自由選擇的重視，以及社會所提供的大量可能性，造成了這些不切實際的期望。[154]

第9章提過，人從經驗中獲得的喜悅和滿足感，不僅取決於經驗本身的品質，還取決於此人對該經驗的期望。例如，減肥中的人會拿實際瘦下來的體重跟預期體重相比，如果你預計瘦五磅，結果卻瘦了十磅，就會樂得不可開支；但如果預計瘦十五磅，結果只瘦了十磅，就不怎麼令人開心了。大學生也會以自己對成績的預期來衡量實際成績的好壞，如果本來以為只會得C，結果卻得到B，心情就會很好；但如果本來以為會得A，心情就好不起來了。如果我的看法正確，即現代人對生活的期望過高，那麼他們對每件事都會失望，進而覺得自己很失敗，而且會認為如果當初做了正確選擇，就能避免這樣的失敗經驗。

相較之下，在有些社會，婚姻是被安排好的，不能自己決定要跟誰結婚，而有些地方的教育機會有限，也無法選擇自己想學的東西。關鍵是，在這些社會中，正因為對生活的現實層面沒有太多掌控權，在心理層面就不會有過高期待。因此我認為，缺乏控制感並不會導致憂鬱和習得無助。

個人主義的糖衣

隨著美國人的期望普遍提升，美國文化也比以往更強調個人主義，這也許是拜渴望「全盤掌控生活」所賜。減少個人主義，跟家人、朋友和街坊鄰居建立緊密關係，就意味著在一定程度上要受制於這些人的需求。如果重視跟他人的連結，就不能隨心所欲地只考慮自己的需求和感受。我認為，今日美國年輕夫妻所面臨最困難的溝通問題，就是如何在個人自主權和家庭義務與責任之間取得平衡。

高度個人主義意味著，我們不但期待任何事物都很完美，還期待自己在各方面都做到盡善盡美。因此一旦我們（不可避免地）失敗，個人主義文化就會迫使我們歸咎於個人因素，而非外在因素。換句話說，社會文化已經形塑了一套官方認可的歸因風格，鼓勵大家把失敗的責任怪罪到自己身上，而這種歸因風格會助長憂鬱情緒。

此外，現代社會對於個人自主權和掌控權的重視，可能會削弱預防憂鬱的重要因素，即對家庭、公民團體、信仰組織……等社會群體的忠誠和歸屬感。「做自己」（或形塑「自我」）和「融入社群」之間必然存在著衝突，要建立深刻的社交關係，就必須把自己擺在次要位置，反過來說，當我們越在乎自己，跟他人的關係就會越淡薄。

政治學家普特南（Robert Putnam）在其著作《一個人打保齡球》（*Bowling Alone*）中，探討了當代社會關係惡化的現象。同樣值得注意的是，三十年前的研究顯示，住在賓州蘭開斯特縣的阿米什人（Amish），其憂鬱症的發生率不到美國平均發生率的二〇％。阿米什人過著最原始的生活，社會關係非常緊密，而生活選擇相當貧乏。阿米什人對生活的掌控權是否比我們少？確實。他們是否覺得自己擁有的掌控權比我們少？我不這麼認為。他們身為社群成員所受到的限制和附帶的責任是否帶給他們痛苦？我猜答案是否定的。阿米什人所處的社會對於個人自主權和掌控權的期望，非常不同於美國主流社會，因此阿米什人並不覺得自己為社群犧牲了許多個人權益。我們在面對社會關係裡的責任、義務時所產生的不適，對阿米什人來說根本不存在，他們認為每個人都理所當然要承擔這些責任與義務。看來，美國主流社會提高了人們對於自主權和掌控權的期望，卻導致「跟他人建立深刻關係」變成了一件代價高昂的事。[155]

美國人對外表的執著，最能體現一味追求控制、自主性和完美的扭曲現象。證據充分顯示，長期來看，大多數人都無法改變自己的身材和體重。基因加上早期經歷決定了每個人成年後的模樣，所以幾乎所有的減肥方法都只有短暫效果。然而文化每天所傳達的訊息卻與這些關於體重的事實相反，大眾媒體和同儕壓力告訴我們，肥胖是關於個人選擇、自我控制和個人責任的問題，每個人都應該追求完美的體態，如果無法達到這個目標，就是自己的錯。根據這樣的文化觀點，如果我們足夠自律且自制，再加上適當的飲食習慣和規律運動，每個人都能擁有電影明星般的身材。在美國，每年減肥書籍的銷量超過五千萬本，花在減肥上的開銷超過五百億美元，這表明了，大多數美國人都認同，人有能力改變自己的外表。[156]

「每個人都能擁有夢寐以求的身材」，這樣的錯覺對女性造成特別大的壓力，尤其是在認為苗條才是「理想」體態的社會。在鼓吹女性追求骨瘦如柴的文化中（如瑞典、英國、捷克和美國白人），飲食障礙（暴食症和厭食症）的比例遠高於不存在這種價值觀的文化。更值得留意的是，在崇尚骨感美的文化中，女性罹患憂鬱症的比例是男性的兩倍，而在理想身材標準較為合理的文化中，憂鬱症發生率的性別差異較小。

瘦和憂鬱的關係或許可以這樣理解：人都應該控制自己的體重，而完美的外貌就是要瘦。如果減肥失敗，不但每次照鏡子都會失望，還必須承擔內心的苛責，「看起來不完美都是自己的錯」。

最大化傾向和憂鬱的關係

難以實現的高度期望，加上失敗時的自責傾向，可能會造成極為不利的後果。而且可以預期，這個問題對最大化者來說特別嚴重。前面提過，比起知足者，最大化者更容易受到機會成本、後悔、適應和社會比較的影響，同樣，他們也更容易因為高度期望和自責而痛苦。最大化者在做決定時會花非常多心思，對結果又抱持極高的期望，因此最後可能會特別失望。

我跟同事進行的研究得到一個意料中的結果，即最大化者很容易罹患憂鬱症。[157]我們研究的對象涵蓋各個年齡層、性別、教育程度、居住地、種族和社經地位，結果一致發現，最大化傾向和憂鬱程度呈顯著正相關，在最大化量表上得分最高的人，在憂鬱量表上的得分亦達憂鬱症邊緣。我們也在青少年身上發現最大化傾向和憂鬱程度的高相關。最大化者會設定高期望，一旦期望落空就會強烈自責，這樣的模式不但發生在教育、職業、婚姻等重大抉擇上，也發生在決定晚餐要吃什麼之類的瑣碎事情上，而且這些微不足道的決定也會產生累積效應。如果你不斷經歷失望，如果你做的每個選擇都無法達到預期和理想結果，如果你總是把這些挫折怪罪到自己身上，那麼大大小小的決定累積起來，最後就會形成「我什麼都做不好」的毀滅性結論。

自主權的心理層面和生態層面

矛盾的是，雖然「高度期望和對控制的渴望」已導致憂鬱症盛行，然而有控制權的人，其心理狀態卻比沒有控制權的人好。

為了理解這一現象，就必須區分個人利益和社會整體利益，並分別從**心理學**和**生態學**的角度來探討個人自主權。社會學者埃克斯利（Richard Eckersley）曾針對日本和二十個西方已開發國家進行研究，並發現影響各國青少年自殺率的主要因素，在於各個文化對個人自由和控制權的態度。在人民最重視個人自由度和掌控權的國家，青少年自殺率通常最高。[158]

埃克斯利指出，這樣的文化價值觀雖然能讓某些人蓬勃發展並取得非凡成就，但問題在於，對國家或「社會生態」卻會造成廣泛的有害影響。

連恩提出的「快樂停滯」（hedonic lag）更加劇了上述問題。[159]連恩認為，「**文化往往會持續重視那些使其獨特而偉大的特質，即使這些特質已經不再帶來愉悅或滿足**……這解釋了目前自由市場國家所面臨的許多問題」。文化對於自主權和控制權的重視所帶來的心理效益和生態成本，再加上快樂停滯效應，這些錯綜複雜的因素，讓社會很難找到改善人民生活福祉的有效解決方案。

顯然，人之所以把選擇視為負擔而不是權益，並非只受到單一因素影響，而是許多心理歷程之間複雜的交互作用所致，這些心理歷程不僅存在於個人層面，還滲入整個社會文化中，包括：過度期望、在意機會成本、逃避取捨、適應效應、後悔、自責、傾向進行社會比較、追求最大化。

第11章將回顧並進一步說明先前提過的建議，探討個人在社會壓力下，可以做些什麼來克服選擇過多的問題。

第四部

如何減少困擾？

選擇是豐富你的生命，還是耗盡你的心力？
操之在己。

第11章　十一招幫你掙脫選擇牢籠

到目前為止，情況看來似乎不太樂觀。我們生活在人類最巔峰的時代，擁有前所未有的豐盛資源和物質享受，我們的成就已超越老祖先的想像，卻也付出了沉重的代價。我們得到了自己想要的東西，卻發現這些東西無法滿足自己的期望。我們身邊充滿各種便捷的現代化設備，卻覺得時間永遠都不夠用。我們可以自由勾勒自己的人生，卻不知道自己想要過怎樣的生活。

在現代，「成功」變成一種苦樂參雜的事，而造成這種現象的主要原因，就是選擇過多。選擇過多會造成心理困擾，尤其再加上其他心理歷程的影響，包括：後悔、在意身分地位、享樂適應、社會比較，以及最關鍵的最大化傾向（渴望擁有最好的東西），更可能帶來嚴重後果。

幸好有一些方法可以減緩、甚至消除上述困擾，但做起來並不容易，需要不斷練習、保持自律，或許還要培養新的價值觀。然而只要確實執行，每種方法都會有所助益。接下來就要介紹這十一種方法。

一、決定何時該做選擇

如先前所述，擁有「選擇權」是幸福感的關鍵，但選擇本身也有缺點，而且隨著選擇越多，這些缺點就越明顯。有所選擇的好處是顯而易見的，但其中的代價卻很隱微，而且會漸漸累積。換句話說，不是某個特定選擇出了問題，而是所有選擇共同造成了負面影響。

放棄選擇權並不容易，關鍵在於必須意識到，大多數時候對我們來說，最重要的是某個決定造成的主觀感受而非客觀結果。就算你有能力選擇更好的車子、房子、工作、度假地點或咖啡機，但選擇過程卻讓你更不滿意自己所選的項目，那麼選擇權根本沒帶給你好處。而且在很多時候，正是因為有太多選擇，才導致就算客觀結果更好，但主觀感受卻更糟糕。

要解決過多選擇造成的問題，就必須決定生活中有哪些真正重要的選擇，然後把時間和精力都集中在這些重要的選擇上，放棄其他選擇機會。藉由限制選擇數量，就可以少做一點決定，多一點正向情緒。

試試下列方法：

1. 回顧你最近做的大大小小決定，像是買衣服、添購廚具、選擇度假地點、決定退休金方案、選擇醫療方式、求職或人際關係上的變化……等等。
2. 逐項列出做出這些決定的步驟、花費時間、收集訊息的過程和焦慮程度。
3. 仔細回想做這些事情時的心情如何。
4. 問問自己，這些過程對你最後的決定幫助多大。

這個練習可以讓你清楚看到做決定時所付出的成本，也許你會因此而放棄某些選擇，或至少知道以後只要考慮多少選項、投入多少時間和心力就好。例如你可以規定自己，買衣服時最多只能逛兩家店、安排假期時最多只能考慮兩個地點。

這種自我約束的方式似乎既困難又武斷，但事實上，我們在生活其他面向也會遵守同樣的紀律。譬如，你可能會規定自己聚會時最多只能喝兩杯酒，雖然酒很好喝，又讓你覺得飄飄然，而且另一杯酒唾手可得，但你還是不會繼續喝。對大部分的人來說，放下酒杯並不難，為什麼？

一個原因是，你已經接收到太多飲酒過量有害健康的訊息。另一個原因是，你可能有過酒醉的不愉快經驗。雖然多喝一杯酒不見得會醉，但何必冒這個險。只可惜，我們的社會並沒有常常宣導「逛街過量有害健康」等警語，而你也沒有意識到選擇過量會讓自己感到不適（就跟宿醉一樣）。但現在你知道了。如果你被本書的論點和證據說服，就會明白選擇太多的壞處，也就更容易採納「最多兩個選項」原則，不妨一試。

二、知道自己要的是什麼，而不是隨波逐流

挑選者能夠反思什麼才是重要的決定，並判斷哪些選項不適合自己，也知道何時該創造新的選項，以及特定選擇會反映出何種個人訊息。挑選者有能力為自己和他人創造機會，而不局限於既有選項。然而當我們面對鋪天蓋地的選擇，就會被迫成為「撿拾者」，只能相對被動地在既有選項中做決定。做個挑選者當然比較好，但有時最好仰賴習慣、傳統習俗、

社會規範和原則來幫助自己迅速做決定，省下的時間就可以讓我們在真正重要的決定上主動挑選，以免落得被動撿拾的下場。

挑選者有時間修正目標，撿拾者沒有；挑選者有時間避免盲從，撿拾者沒有。要做出明智的決定，就要花時間專注思考，而為了有時間專注思考，唯一方法就是選定立場，忽略不重要的決定。

當你回顧最近做的決定，不但會更清楚相關成本，還會發現自己真正在意什麼、不在意什麼，這會幫助你：

1. 少花點心思在無關緊要的決定，或乾脆忽略。
2. 利用空出來的時間問問自己，在需要認真抉擇的領域，你真正想要的是什麼。
3. 如果這些領域的既有選項都不符合你的需求，想一想如何創造更好的選項。

三、調節你的最大化傾向

文化若提供過多選擇，最深受其害的往往是最大化者。最大化者會有不切實際的期望，最害怕自己將來後悔，最不願錯過任何機會，最容易受社會比較影響。而當選擇的結果不如預期，最大化者比任何人都失望。

學會接受「夠好」就好，將有助於簡化決策過程，並提升滿足感。儘管從客觀標準來看，知足者選擇的結果往往不如最大化者，但是就算「最好」的事物可能在不遠處，知足者還是會滿足於「夠好」的東西，也因而對自己的選擇更滿意。

當然，有些時候確實很難接受「夠好」的事物。要是知道原本可以獲得更好的結果，就會非常懊惱。還有一大群商人不斷說服你，既然有了「更新更好」的選擇，何必屈就於「夠好」而已。雖然如此，每個人至少都會在生活的某些領域感到滿足，就算是最挑剔的人，也不可能樣樣追求完美。祕訣就是，學習**接受**和**體會**知足常樂的真諦，讓這樣的心態擴散到生活各個領域，而不只是順其自然。當你刻意且有意識地做一個知足者，就不會想要跟別人比較，也更不容易後悔。生活在複雜、充滿選擇的世界，知足可以讓人內心平靜。

不過，要成為知足者，必須認真思考自己的目標和期望，而且每當面對一個決定，都要設定「夠好」的標準。要知道怎樣算「夠好」，必須了解自己，以及自己在意的東西。所以你可以：

1. 回想生活中你愜意地滿足於「夠好」的時刻。

2. 仔細檢視你在當時如何進行選擇。
3. 把這樣的策略應用到更多生活面向。

我印象很深刻，幾年前，長途電信業者開始展開激烈競爭時，我也經歷了上述過程。我常常打長途電話，而且在受到各家廣告疲勞轟炸之後，就忍不住想找到一家最好的公司和最物超所值的方案。然而每家公司提供的服務項目和資費方案都不同，所以很難一一比較，不但浪費許多時間，還讓人頭昏腦脹。更麻煩的是，我還在努力研究時，又冒出新的電信業者和新的方案。雖然我壓根不想把所有時間都花在解決我的通話問題上，但這跟抓癢一樣，我就是控制不了。後來有一天，我出門去買新的烤麵包機，只走進一家店，看了兩個牌子，比較兩種型號後，就迅速搞定。我在回家的路上突然意識到，只要我願意，也可以用同樣的方式挑選長途電信服務。我鬆了一口氣，終於決定了我要的方案，而且從此再也沒煩惱過這件事。

四、別太在意機會成本

在下決定前，考量可能錯過的其他選項通常是件好事，因為忽略「機會成本」會讓人高估心中首選的優點。但另一方面，越去想錯過的機會，就會越不滿意最後的選擇，所以最好不要一直回想已經放棄的選項。

既然回想已放棄選項的優點，總是會降低所選項目帶來的滿足感，人們很容易就覺得乾脆忘掉其他所有選項，可是如果不跟其他選項比較，又無法判斷自己的選擇有多好。比方說，「好投資」主要是指「跟其他投資相比有更好的報酬率」。由於缺乏絕對標準，因此或許有必要適當考量其他可能性。

不過要避免過於極端，這點可以透過「二級決定」來幫忙，當我們決定不做某些選擇，就不需要考慮機會成本。做個知足者也有幫助，因為知足者對於「夠好」有自己的標準，而不像最大化者必須不斷比較各個選項的優劣。對知足者來說，「好投資」的定義就是報酬率高於通貨膨脹率，就這麼簡單，因此不用在意其他選項，也不會因為考量這些錢可以做的其他事情而降低滿足感。知足者的投資獲益是否會低於最大化者？有可能。知足者是否比較不滿意自己的投資結果？不太可能。知足者是否有更多時間去做其他更重要的決定？這是一定的。

下面的策略可以幫助你不過度在意機會成本，從而避免失望：

1. 堅持原本的購物習慣，除非真的很不滿意某樣商品。
2. 別被「更新更好」的商品給迷惑。
3. 除非真的有需要，否則不要考慮太多選項。
4. 別擔心會因此而錯過所有新事物。

無論如何，你總是會遇到許多新事物，例如朋友或同事會跟你聊到他們新買的東西，或上次去哪裡度假，因此你不用刻意搜尋，就會偶然得知有哪些新產品可以取代你慣用的東西。如果你坐著靜靜等「更新更好」的商品送上門，就不用耗費太多時間和心力做選擇，當你找不到集所有優點於一身的產品，也不至於太過沮喪。

五、別讓自己有反悔的餘地

大部分的人都寧願去可以退貨的商店買東西，卻沒發現，因為被允許改變心意，後來就真的更有可能改變心意。如果做了決定之後可以反悔，我們對這個決定就不會那麼滿意。如果做了決定之後無法再更改，我們就會啟動各種心理歷程，以強化對自己所選項目的滿意度。然而如果決定是可逆的，我們就不一定會啟動同樣的心理歷程了。

我認為在面對重大抉擇時，最能看到「不可逆決定」的影響力。有個朋友告訴我，他的牧師在一場關於婚姻的佈道中直截了當地說，「沒錯，別人的草都比較綠」，在場聽眾無不大為震驚。牧師的意思是，你永遠都會遇到比另一半更年輕、更好看、更聰明、更幽默，或看起來更善解人意的對象。然而，尋找終身伴侶並不是在購物，它不是一種貨比三家不吃虧或是不斷「升級」的過程。面對更具吸引力、更誘人的選擇，唯一可以獲得幸福安穩的方法，就是告訴自己：「我根本不會考慮其他對象，我已經決定要跟誰共度一生，就算其他人的個性多體貼、長相多好看，都與我無關，我不需要再尋找伴侶。就這樣。」如果你想過著痛苦的人生，那就繼續糾結於是否遇到「真愛」、煩惱目前的性生活是否達到平均標準、擔心是否會錯過更好的對象。但如果你認清自己已經做出不可逆的決定，就會把心力放在改善目前的關係，而不是反覆質疑猜忌。

六、感激的神奇功效

我們對所做選擇的評價，很容易受到與之相比的項目影響，即使只是想像中的比較對象也不例外。每個體驗都有好的一面，也有壞的一面，而你關注的面向就決定了該體驗是否令人滿意。如果想像更好的選項，就會覺得自己做的選擇很糟糕，如果想像更差的選項，就會覺得自己做的選擇還不錯。

因此，如果經常有意識地感激某個選擇或體驗的正向之處，以平常心看待其中的負向之處，心情就會開朗許多。

研究顯示，在大多數情況下，人並不會自發性地感激現況。一般來說，人都是因為對自己的選擇不滿，才開始想像其他可能性。當日子過得不如意，我們就會幻想美好的生活，但是在日子過得很順遂時，就不太會去想像走下坡的情形。不過我們可以練習反思：事情原本也許會更糟，並珍惜目前擁有的一切，那麼在遇到美好的事物時就會倍感幸福。

一般人似乎很難接受「需要練習心存感激」的觀點。直接跟自己說，「從明天開始，我要多留意生活中的美好事物」，不就好了？原因在於，思維習慣很難改變。如果你只是給自己一個籠統的指令，就不會真的去做。不過，也許你可以試著培養一個簡單的習慣，步驟如下：

1. 在床頭櫃放一本筆記本。

2. 每天早上醒來後或晚上睡覺前，回想前一天或這一天發生哪些值得感激的事，並寫在筆記本上。可能是大事，例如升遷或愉快的第一次約會；不過很多時候是小事，例如陽光從窗戶灑進來、朋友說了一句體貼的話、品嚐到令人滿意的料理，或讀到一篇好文章。

3. 一開始你也許會覺得這樣做有點蠢，甚至有點彆扭，但只要堅持下去，就會越來越上手，也越來越自然。你還會發現，即使是最平凡無趣的日子，也發生了許多值得感激的事。最後，你會更滿意自己的生活，不再需要從「更新更好」的商品來獲得快樂。

七、減少後悔造成的影響

無論是實際經歷或是預期後悔，後悔的苦澀都會影響人的決定，甚至讓人逃避決定。雖然後悔通常是正常反應，而且能讓人記取教訓，但是當它過於強烈，以至於影響我們的選擇、甚至讓我們陷入決策癱瘓，就該設法將其傷害減到最低。

下列方法有助於減少後悔：

1. 採用知足者的標準，而不追求最大化。
2. 在做決定之前，減少列入考量的選項數量。
3. 做了決定之後，練習對好的部分心存感激，不要一直對壞的部分耿耿於懷。

記住，生活包含許多複雜的面向，不會只因為單一決定就發生巨大轉變，因此不必高估任何單一決定的影響力。我有個朋友一直覺得自己毫無成就而垂頭喪氣，過去四十年來，他浪費了無數時間後悔自己錯過就讀長春藤盟校的機會，並經常哀怨說道，「要是當初去了常春藤，一切都會不一樣。」不過，如果他當初如願以償地唸了名校，搞不好後來會發生車禍、遭到退學，也可能精神崩潰，或是適應不良而痛恨那所學校。我一直想告訴那個朋友，他年輕時會做出那樣的決定，是基於各種跟性格相關的複雜因素，就算他回到過去改變心意，去唸更有名望的大學，基本人格特質還是不會改變，該面對的問題也不會消失，所以他的人生或職涯發展不見得會更好。但我敢保證，如果他放下遺憾，人生就會比較快樂。

八、為「適應效應」做好心理準備

人幾乎能夠適應任何事。生活艱難時，適應讓人不至於被困境壓垮，但是當生活富足美滿，適應就會把人推上「享樂跑步機」，剝奪原本預期會從正向體驗得到的滿足感。我們無法避免適應效應，只能隨著時間流逝，對體驗抱持合理的期待。關鍵就是記住，無論頂級音響、豪華轎車或近三千坪豪宅，都不會像最初那樣帶來源源不絕的快樂。學著在快樂的體驗漸漸淡化、轉變成習以為常的體驗時依然感到知足，就會減少適應過程的失落感。也可以效法知足者的策略，不要花太多時間和心力在苦惱如何做選擇，以減少適應造成的失望。

我們除了要意識到「享樂跑步機」的影響，還要留意「滿足跑步機」的作用，這兩者是適應效應帶來的「雙重打擊」。時間一久，我們不但會因為適應了某項經歷而覺得它沒那麼好，也會因為適應了某種程度的愉悅感，而覺得該經歷沒那麼讓人滿足。這方面也可以透過「培養感激的心態」而改善，想想那些可能會讓我們感覺更糟的情形，就比較不會把現在的快樂視為理所當然（適應）。

所以我們可以先對「適應效應」打預防針，以降低失望情緒。試試下列方式：

1. 買新車時要有心理準備，兩個月後熱度就會下降，而不像一開始那麼興奮。

2. 不要花太多時間和心思尋找完美的事物（即降低最大化傾向），那麼你從最後的選擇所獲得的滿足感，就不會被高昂的搜尋成本「攤銷」掉。

3. 提醒自己看到現況的正向之處，而非不斷強調它們變得多差。

一九、控制過高的期望

我們對某個經驗的評價，很容易受到期望的影響，因此若要提高對抉擇結果的滿意程度，最簡單的方法就是降低期望，但說起來容易，做起來很難，尤其是身在一個充滿選擇、鼓勵高度期望的世界，似乎就會理所當然地認為完美選項一定存在。不過或許可以從下面幾點做起：

1. 不要考慮太多選項。

2. 做個知足者，而不是最大化者。

3. 保持開放心態，練習隨遇而安。

你是不是經常到了期待已久的餐廳或度假地點，結果卻「大失所望」。有時候，偶然在小餐館或鄉村民宿獲得的美好體驗，其帶來的快樂程度遠大於事先安排好的高級法式餐廳或四星級飯店。

十、減少社會比較

我們透過跟他人比較來衡量自己的體驗。雖然社會比較提供了有用的訊息，但也經常降低滿足感。所以減少跟他人比較，就會更滿意自己的生活。「不要太在意旁人的表現」，道理大家都懂，實際上卻很難做到，原因大概有三點：一、我們很容易觀察到別人的一舉一動。二、多數人都很在意身分地位。三、只有贏過別人才能獲得最重要的資源，例如最頂級的大學、最優秀的工作、最優質社區裡的最好房子。然而，社會比較也可能危害身心健康，因此有必要提醒自己減少社會比較。比起最大化者，知足者更不容易陷入社會比較之中，因此學會接受「夠好就好」也許就會自動減少對他人的關注。

如果按照我之前提出的其他建議去做，也許會發現用絕對標準去衡量自己的決策結果，就會覺得沒有那麼好，這更凸顯出避免社會比較的重要性。所以：

1. 請記住，「死的時候擁有最多物質財富的人才是贏家」，這句話只是貼在汽車保險桿上的標語，不是什麼人生智慧。

2. 關注那些讓你快樂、以及讓你的生活更有意義的事。

十一、有一點限制反而更自由

隨著我們面臨的選擇越來越多，選擇自由反而造成了壓迫，我們每天都花掉許多時間和精力做日常決定，把自己搞得精疲力盡。面對這樣的處境，我們應該體認到「限制選擇數量」其實會帶來自由而非束縛。社會提供了規定、標準和規範，而個人經驗會形成習慣，這些都有助於簡化選擇。透過遵守某些原則（例如：開車一定要繫安全帶、晚上最多只能喝兩杯酒），我們就可以快速做決定，而不需要每次都仔細斟酌，這麼一來，空出的時間和注意力就可以用來思考那些無規則可循的選擇和決定。

乍看之下，這些二級決定（即決定何時該深思熟慮、何時該依循慣例）似乎讓生活變得更複雜。但長遠來看，許多麻煩的日常瑣事都會消失，我們就有時間和心力去思索更重要的決定。

有幅插畫是這樣的：魚缸裡有隻目光短淺的大魚對小魚說，「在這裡你可以不受限制地實現任何夢想」，大魚似乎沒意識到牠們身處在封閉的魚缸，然而牠真的目光短淺嗎？生活在受限制、但安全的魚缸世界裡，小魚可以盡情地嘗試、探索、創造和書寫自己的生命故事，而不需要擔心挨餓或被吃掉。雖然如果沒有魚缸，小魚就不受任何限制，但所有時間都必須用來求生存。正是有限的選擇和束縛下的自由，讓小魚得以想像許多美好的可能性。

致謝

本書的概念始於我先前寫的一篇文章，當時賽利格曼邀請我為《美國心理學家》（*American Psychologist*）的一期特刊撰稿，主題是關於「自我決定」。不可否認的是，人都珍惜並重視自我決定的機會。然而，自由、自主和自決不見得百分之百正確，它們似乎不全然是好事。本書是我探討及釐清「自由的消極面」的努力結晶。我能夠對這個主題形成清晰而深刻的概念和理解，都是得益於我跟同事沃德、蒙特羅索、雷曼、柳波莫斯基、懷特合作進行的實證研究計畫（部分資金由正向心理學網絡〔Positive Psychology Network〕和斯沃斯莫爾學院贊助）。

我非常感謝這幾位同事（尤其是沃德，他的辦公室就在我隔壁，幾乎每天都要耐著性子跟我討論），他們對研究的貢獻以及交流過程帶來的啟發，都讓我獲益良多，本書隨處可見他們的洞見。我從其他合作夥伴身上也學到許多寶貴知識，感謝寇恩（Dov Cohen）、吉爾哈姆（Jane Gillham）、哈爾伯史塔特（Jamin Halberstadt）、凱瑟（Tim Kasser）、盧斯

（Mary Frances Luce）和謝爾頓（Ken Sheldon）。

我在研討會上呈現我的想法時，許多人也給予我珍貴意見，特別感謝海德特[5]、克特納（Dacher Keltner）、斯庫勒（Jonathan Schooler）、舒格曼（Susan Sugarman）。

道金（Judy Dogin）和葛羅絲（Beth Gross）看過篇幅更長、更枯燥無趣的初稿，感謝他們，替其他人減輕了負擔。

蕾貝卡・史瓦茲（Rebecca Schwartz）、艾莉森・德沃金（Allison Dworkin）和泰德・德沃金（Ted Dworkin）迫使我面對一件事實：我描述的許多問題在我孩子那一代眼中和我這一代眼中是不同的。他們雖然不見得完全認同最後的成品，卻藉由改變我的想法和寫下一些東西來形塑它。我在艾科出版社（Ecco Press）的編輯——賽樂賓絲基（Julia Serebrinsky）教我如何潤飾書稿，並指出哪些闡述並不如我以為得那麼清晰。派翠克（Bill Patrick）大力協助我改善本書架構和文句。

如果沒有我的經紀人——貝內特（Tina Bennett）的幫助，就不會有這本書。她不但出色地完成了經紀人該做的事，還跟我一起擬了幾份提案，幫助我將本書塑造成最終的樣貌，我無比幸運擁有這樣的經紀人，她同時也是聰明、睿智又體貼的編輯，只有她見識過我最糟糕的想法。

最後，我要特別感謝我的最佳編輯，也是我最要好的朋友，默娜．史瓦茲（Myrna Schwartz）。她對書中觀點的價值與重要性深信不移，身為最支持我、同時也是最挑剔的讀者，不但深入閱讀本書的幾份草稿，並提出頗具洞察力的見解，每次都指出我需要解決的嚴重問題，然而她的愛與熱忱足以使我把自己拖到鍵盤前重新修改書稿。在我每個重大計畫中，默娜都扮演這樣的角色。三十多年來，我學到的就是，她幾乎總是對的。有時候，像我這樣的知足者會得到幸運之神眷顧。

5 編注：Jonathan Haidt，《象與騎象人》作者。

注釋

序曲　選擇困難是個人問題，還是社會病？

1. 參閱柏林《自由四論》（*Four Essays on Liberty*, London: Oxford University Press, 1969），其中的〈自由的兩個概念〉（Two Concepts of Liberty）一文。
2. 參見A. Sen, *Development as Freedom* (New York: Knopf, 2000).

第 1 章　生活總是琳瑯滿目

3. 關於超市提供的選擇數量，參見G. Cross, *An All- Consuming Century: Why Commercialism Won in Modern America* (New York: Columbia University Press, 2000)。作者指出，自一九七〇年代以來，超市的商品數量每十年就會翻一倍。
4. 美國人花在購物的時間以及對購物的態度，請參閱連恩《市場民主下，人們流失的幸福》(New Haven, CT: Yale University Press, 2000), pp. 176–179。
5. 參閱S. Iyengar and M. Lepper, "*When Choice Is Demotivating*: Can One Desire Too Much of a Good Thing?", *Journal of Personality and Social Psychology*, 2000, *79*, 995–1006。Iyengar 是研究「過多選擇效應」（too-much-choice effect）的專家，並在許多不同決策領域證明了這一現象。關於這方面的研究摘要，請參閱她卓越的著作：*The Art of Choosing* (New York: Twelve, 2010)。研究已證實選擇過多效應會出現在許多不同領域，包括：汽車、新屋裝潢、處方藥計畫、醫療處遇，甚至是選擇約會對象，但不一定會出現。而在另一篇被廣泛引用的研究回顧中，作者的結論卻是：平均而言，選項多寡對選擇的影響很小（參見B. Scheibehenne, R. Greifeneder, and P. M. Todd, "Can There Ever Be Too Many Options?", *Journal of Consumer Research*, 2010, *37*, 409–425）。然而「平均影響很小」的結論卻掩蓋了一項事實：通常會有很大的影響，只不過是雙向的，有時大量選項有助於選擇，有時則會抑制選擇。最新的回顧研究顯示，過多選擇效應確實存在，該研究並明確指出哪些因素在選項過多時可能促進選擇、也可能抑制選擇。（參見A. Chernev, U. Bockenholt, and J. Goodman, "Choice Overload: A Conceptual Review and Meta-Analysis", *Journal of Consumer Psychology*, 2015, *25*, 333–358）。

6. 參閱F. Hirsch, *Social Limits to Growth* (Cambridge, MA: Harvard University Press, 1976)。

7. 關於「自願簡單」有兩本極具影響力的著作：J. Dominquez and V. Robin, *Your Money or Your Life* (New York: Viking, 1992)，和S. B. Breathnach, *Simple Abundance: A Daybook of Comfort and Joy* (New York: Warner Books, 1995)。

第2章　新選擇是福是禍？

8. 斯梅洛夫的評論和揚克洛威奇公司的調查請見K. Johnson, "Feeling Powerless in a World of Greater Choice", *New York Times* (August 27, 2000, p. 29)。

9. 關於電信和電力服務消費的資訊參見J. Gelles, "Few Bother to Search for Best Utility Deals", *Philadelphia Inquirer* (June 20, 2000, p. A1)。

10. 關於退休選擇增加如何影響人的抉擇，參見S. S. Iyengar, G. Huberman, and W. Jiang, "How Much Choice Is Too Much?"。關於美國的退休金計畫，參見O. S. Mitchell and S. Utkus (eds.), *Pension Design and Structure: New Lessons from Behavioral Finance* (pp. 83–95. Oxford: Oxford University Press, 2004)。

11. 參見W. Samuelson and R. Zeckhauser, "Status Quo Bias in Decision Making," *Journal of Risk and Uncertainty*, 1988, *1*, 7–59。關於退休投資決策，參見S. Benartzi and R. Thaler, "Naïve Diversification Strategies in Defined Contribution Savings Plans," 1998 working paper (Anderson School at UCLA)。

12. 參見A. Gawande, "Whose Body Is It Anyway?" *New Yorker,* October 4, 1999, p. 84。

13. 參見J. Katz, *The Silent World of Doctor and Patient* (New York: Free Press, 1984)，關於病人自主權參見 F. H. Marsh and M. Yarborough, *Medicine and Money: A Study of the Role of Beneficence in Health Care Cost Containment* (New York: Greenwood Press, 1990)。針對病人自主權的複雜問題所做的精彩討論，見C. E. Schneider, *The Practice of Autonomy: Patients, Doctors, and Medical Decisions* (New York: Oxford University Press, 1998)。

14. 參見Gawande, "Whose Body Is It Anyway," p. 90。

15. 參見S. G. Stolberg, "The Big Decisions? They're All Yours," *New York Times*, June 25, 2000, Section 15, p. 1。

16. 非正統療法之數據見M. Specter's "The Outlaw Doctor," *New Yorker,* February 5, 2001, pp. 46–61。

17. 有鑒於醫療界開始意識到，把所有決定權都交給病人並非好方法，也非病人所需，因此目前出現「共同決策」的新模式。關於醫生家長式作風和病人自主權問題所做的深入反思，以及針對該反思所提出的共同模式，請見P. Ubel, Critical Decisions (New York: HarperOne, 2012)。

18. 關於處方藥廣告，見M. Siegel, "Fighting the Drug (Ad) Wars," *The Nation*, June 17, 2002, pp. 21–24。

19. 見W. Kaminer, "American Beauty," *American Prospect,* February 26, 2001, p. 34。亦可參考 M. Cottle, "Bodywork," *New Republic,* March 25, 2002, pp. 16–19， 和S. Dominus, "The Seductress of Vanity," *New York Times Magazine,* May 5, 2002, pp. 48–51。

20. 見K. Clark, "Why It Pays to Quit," *U.S. News & World Report,* November 1, 1999, p. 74。

21. 見J. Seabrook, "The Invisible Designer," *New Yorker,* September 18, 2000, p. 114。

22. A. Ansari, *Modern Romance* (New York: Penguin, 2015).

23. 關於宗教信念的統計數據見邁爾斯的著作《美國悖論》(New Haven, CT: Yale University Press, 2000)。二〇一五年五月，皮尤基金會（Pew Foundation）報告了更新的資料，並指出美國人的宗教虔誠度已有下降，約二三%的美國人表示自己無隸屬於任何宗教團體，而十年前這一比例約為一六%，當然無隸屬於任何宗教團體不表示無宗教信仰，但兩者通常相關。

24. 參見*Alan Wolfe* A. Wolfe, *Moral Freedom: The Search for Virtue in a World of Choice* (New York: W. W. Norton, 2001)。內容引用自其文章："The Final Freedom," *New York Times Magazine,* March 18, 2001, pp. 48–51。

25. 關於選擇自我認同，見B. Schwartz, "Be Careful What You Wish For: The Dark Side of Freedom." In R. M. Arkin, K. C. Oleson以及 P. J. Carroll (eds.), *Handbook of the Uncertain Self* (pp. 62–77) (New York: Psychology Press, 2010)。關於人認為自己的選擇（即使微不足道的選擇）反映其自我認同的證據，亦可參考N. Olson and K. Vohs的論文："Thinking that Choices Reflect the Self Leads to Maximizing Behavior"，發表於消費者研究協會年會（Chicago, IL, 2013）。

26. A. Sen, "Other People," *New Republic*, December 18, 2000, p. 23和 A. Sen, "Civilizational Imprisonments," *New Republic,* June 10, 2002, pp. 28–33。

27. 人們對於「選擇」的看法存在著有趣的文化差異，北美人和南亞人觀看影片主角從事一系列日常活動、或自己從事這樣的活動時，北美人比南亞人辨識出更多選擇。參見K. Savani, H. R. Markus, and A. Connor, "Let Your Preferences Be Your Guide? Preferences and Choices Are More Tightly Linked for North Americans than for Indians," *Journal of Personality and Social Psychology,* 2008, *95,* 861–876。

28. 參見F. Hirsch, *Social Limits to Growth* (Cambridge, MA: Harvard University Press, 1976)以及 T. Schelling, *Micromotives and Macrobehavior* (New York: W. W. Norton, 1978)。

第3章　決定與抉擇，一點都不簡單

29. 近代兩本由決策專家撰寫的大眾讀物，為本章討論的各種現象提供了更多細節，參見D. Kahneman, *Thinking Fast and Slow* (New York: Farrar, Straus, & Giroux, 2011)和R. Thaler, *Misbehaving* (New York: W. W. Norton, 2015)。

30. 心理學家吉爾伯特（Daniel Gilbert）和魏爾森（Timothy Wilson）等人進行了大量研究，證實人對自己未來的快樂程度總是預測失準，參見《哈佛最受歡迎的幸福練習課》（一起來出版），和T. Wilson, *Strangers to Ourselves* (Cambridge, MA: Belknap, 2002)。
31. 參見D. Kahneman, "Objective Happiness," in D. Kahneman, E. Diener, and N. Schwarz (eds.), *Well-Being: The Foundations of Hedonic Psychology* (New York: Russell Sage, 1999), pp. 3–25。
32. 大腸鏡檢查的研究參見D. Redelmeier and D. Kahneman, "Patients' Memories of Painful Medical Treatments: Real-Time and Retrospective Evaluations of Two Minimally Invasive Procedures," *Pain*, 1996, *116*, 3–8。值得注意的是，雖然如果印象中的檢查較不痛苦，患者就會更願意接受後續檢查，但兩組未達統計上的顯著水準。
33. 關於人對假期的評價主要取決於期望和記憶，而非實際體驗，參見D. Wirtz, J. Kruger, C. N. Scollon, and E. Diener, "What to Do on Spring Break? The Role of Predicted, On-line, and Remembered Experience on Future Choice," *Psychological Science*, 2003, *14*, 520–524.
34. 參　閱I. Simonson, "The Effect of Purchase Quantity and Time on Variety-Seeking Behavior," *Journal of Marketing Research*, 1990, *27*, 150–162和D. Read and G. Loewenstein, "Diversification Bias: Explaining the Discrepancy in Variety-Seeking between Combined and Separate Choices," *Journal of Experimental Psychology: Applied*, 1995, *1*, 34–49。許多其他證據顯示，人無法準確預測事件將帶給自己的感受，第8章探討「適應」現象時將進一步討論。相關研究回顧與討論參見G. Loewenstein and D. Schkade, "Wouldn't It Be Nice? Predicting Future Feelings," in D. Kahneman, E. Diener, and N. Schwarz (eds.), *Well-Being: The Foundations of Hedonic Psychology* (New York: Russell Sage, 1999), pp. 85–108。
35. 關於利用「電子商務」做更明智選擇的潛力（和潛在危機）的有趣討論，見M. S. Nadel, "The Consumer Product Selection Process in an Internet Age: Obstacles to Maximum Effectiveness and Policy Options," *Harvard Journal of Law and Technology*, 2000, *14*, 185–266。關於廣告數量的數據亦來自這篇論文。
36. 參見J. Twitchell, *Lead Us into Temptation: The Triumph of American Materialism* (New York: Columbia University Press, 1999)，第五十三頁。
37. 參見R. B. Zajonc, "Attitudinal Effects of Mere Exposure," *Journal of Personality and Social Psychology*, 1968, *9* (part 2), 1–27。
38. 關於網路資訊的品質，亦見上述Nadel的論文。
39. 關於在現代資訊過載的世界裡收集訊息和做決定的策略的完整討論，見J. W. Payne, J. R. Bettman, and E. J. Johnson, *The Adaptive Decision Maker* (New York: Cambridge University Press, 1993)。

40. 關於醫療網站的資訊正確度，見T. Pugh, “Low Marks for Medical Web Sites,” *Philadelphia Inquirer,* May 23, 2001, p. A3。
41. 關於人的決策行為，有一些非常實用的研究概要，見D. Kahneman, P. Slovic, and A. Tversky (eds.), *Judgment Under Uncertainty: Heuristics and Biases* (New York: Cambridge University Press, 1982)、D. Kahneman and A. Tversky (eds.), *Choices, Values, and Frames* (New York: Cambridge University Press, 2000)和T. Gilovich, D. Griffin, and D. Kahneman (eds.), *Heuristics and Biases: The Psychology of Intuitive Judgment* (New York: Cambridge University Press, 2002)。更系統化的回顧請見J. Baron, *Thinking and Deciding* (New York: Cambridge University Press, 2000)。
42. 參見A. Tversky and D. Kahneman, “Judgment Under Uncertainty: Heuristics and Biases,” *Science,* 1974, *185,* 1124–1131。
43. 關於人在社交情境易受可得性捷思法影響的詳細討論，參見R. Nisbett and L. Ross, *Human Inference: Strategies and Shortcomings of Social Judgment* (Englewood Cliffs, NJ: Prentice-Hall, 1980)。
44. 參見P. Slovic, B. Fischoff, and S. Lichtenstein, “Facts Versus Fears: Understanding Perceived Risk,” in D. Kahneman, P. Slovic和A. Tversky (eds.), *Judgment Under Uncertainty: Heuristics and Biases* (New York: Cambridge University Press, 1982), pp. 463–489。
45. 關於金融決策的跟風效應和挑選奧斯卡獎得主的群體智慧，參見J. Surowieski, “Manic Monday (and Other Popular Delusions),” *New Yorker*, March 26, 2001, p. 38。
46. 關於「跟風效應」，見T. Kuran and C. Sunstein, “Controlling Availability Cascades,” in C. Sunstein (ed.), *Behavioral Law and Economics* (New York: Cambridge University Press, 2000), pp. 374–397。關於小錯誤演變成大錯誤的生動案例，見T. Kuran, *Private Truths, Public Lies: The Social Consequences of Preference Falsification* (Cambridge, MA: Harvard University Press, 1995)和M. Gladwell, *The Tipping Point* (Boston: Little Brown, 2000)。
47. 關於麵包機的案例討論，見E. Shafir, I. Simenson, and A. Tversky, “Reason-Based Choice,” *Cognition,* 1993, *49,* 11–36。
48. 請見J. E. Russo, “The Value of Unit Price Information,” *Journal of Marketing Research,* 1977, *14,* 193–201。
49. 框架的經典研究參見D. Kahneman and A. Tversky, “Choices, Values, and Frames,” *American Psychologist,* 1984, *39,* 341–350。更多案例請見D. Kahneman and A. Tversky (eds.), *Choices, Values, and Frames* (New York: Cambridge University Press, 2000)。
50. 框架和主觀經驗之間的精彩討論請見D. Frisch, “Reasons for Framing Effects,” *Organizational Behavior and Human Decision Processes,* 1993, *54,* 399–429。

51. 參見A. J. Sanford, N. Fay, A. Stewart, and L. Moxey, "Perspective in Statements of Quantity, with Implications for Consumer Psychology," *Psychological Science,* 2002, *13,* 130–134。

52. 本節討論的許多現象的案例請見D. Kahneman and A. Tversky (eds.), *Choices, Values, and Frames* (New York: Cambridge University Press, 2000)。敝帚自珍效應請見D. Kahneman, J. Knetsch, and R. Thaler, "Anomalies: The Endowment Effect, Loss Aversion, and Status Quo Bias"。出售股票的抉擇請見T. Odean, "Are Investors Reluctant to Realize Their Losses?"。沉沒成本請見R. Thaler, "Mental Accounting Matters"和 R. Thaler, "Toward a Positive Theory of Consumer Choice"。醫療保險的選擇請見E. Johnson, J. Hershey, J. Mezaros, and H. Kunreuther, "Framing, Probability Distortions, and Insurance Decisions"。關於健康計畫和退休金計畫請見C. Camerer, "Prospect Theory in the Wild: Evidence from the Field"（原始研究參見 W. Samuelson and R. Zeckhauser, "Status Quo Bias in Decision Making," *Journal of Risk and Uncertainty,* 1988, *1,* 7–59）。購車案例請見C. W. Park, S. Y. Jun, and D. J. MacInnis, "Choosing What I Want Versus Rejecting What I Don't Want: An Application of Decision Framing to Product Option Choice Decisions," *Journal of Marketing Research,* 2000, *37,* 187–202。

53. 關於決策心理學的一系列深入討論，見J. Baron, *Thinking and Deciding* (New York: Cambridge University Press, 2000)。

第4章　當你只要最好的

54. 最早關於最大化者和知足者的區別討論，見Herbert Simon, "Rational Choice and the Structure of the Environment," *Psychological Review,* 1956, *63,* 129–138; and *Models of Man, Social and Rational* (New York: Wiley, 1957).

55. 針對最大化者和知足者的研究，詳見B. Schwartz, A. Ward, J. Monterosso, S. Lyubomirsky, K. White, and D. R. Lehman, "Maximizing versus Satisficing: Happiness Is a Matter of Choice," *Journal of Personality and Social Psychology,* 2002, *83,* 1178–1197。

56. 我和同事針對最大化所做的研究，引起了很多人的興趣，包括針對最大化量表給予的批評和建議。我們的最大化量表由三個因素組成：高標準、決策困難和尋找其他選項的傾向。批評者指出，這三個獨立因素並非都和不快樂及不樂觀有關，另一些批評者則提出只針對單一因素的替代量表。關於這部分的爭論仍持續中，有興趣的讀者可以查閱相關論文。但請注意，這主要是著眼於細微區別和統計爭論上的「學術辯論」。目前對於最大化量表測量到的是什麼、以及應該測量什麼，尚未有定論。下面是一些具有代表性的論文：D. L. Diab, M. A. Gillespie, and S. Highhouse, "Are Maximizers Really Unhappy? The Measurement of Maximizing Tendency," *Judgment and Decision Making,* 2008, *3,* 364– 370; L. Lai, "Maximizing without Difficulty: A Modified Maximization Scale and Its Correlates," *Judgment and Decision Making,* 2010, *5,* 164– 175; G. Y. Nenkov, M. Morrin, A. Ward, B. Schwartz, and J. Hulland, "A

Short Form of the Maximization Scale: Factor Structure, Reliability and Validity Studies, *"Judgment and Decision Making,* 2008, *3,* 371–388; B. R. Turner, H. B. Rim, N. E. Betz, and T. E. Nygren, "The Maximization Inventory," *Judgment and Decision Making,* 2012, *7,* 48–60; S. Iyengar, R. E. Wells, and B. Schwartz, "Doing Better but Feeling Worse: Looking for the 'Best' Job Undermines Satisfaction," *Psychological Science,* 2006, *17,* 143–150.

57. L. Gottleib, *Marry Him: The Case for Settling for Mr. Good Enough* (New York: Dutton, 2010)。

58. W. H. Huang and M. Zeelenberg, "Investor Regret: The Role of Expectation in Comparing What Is to What Might Have Been." *Judgment and Decision Making,* 2012, *7,* 441–451。

59. 參見R. Frank, *Choosing the Right Pond* (New York: Oxford University Press, 1985)、F. Hirsch, *Social Limits to Growth* (Cambridge, MA: Harvard University Press, 1976)和R. Frank and P. Cook, *The Winner-Take-All Society* (New York, Free Press, 1985).

第5章　選擇越多，越快樂？

60. 亞當・斯密的《國富論》（*The Wealth of Nations*）出版於一七七六年。對於自由市場的激昂辯護，參見M. Friedman and R. Friedman, *Free to Choose* (New York: Harcourt Brace, 1980)。更多關於市場和其帶來的奇蹟的批判性觀點，見拙作《人性之戰》(New York: W. W. Norton, 1986)和《生活的代價》(Philadelphia: XLibris, 2001)。

61. 關於政治學家的故事來自R. Kuttner, *Everything for Sale* (New York: Knopf, 1996)。

62. 針對選擇和自主權的關係，見連恩的《市場民主下，人們流失的幸福》第二三一至二三四頁。亦參見 Gerald Dworkin, *The Theory and Practice of Autonomy* (New York: Cambridge University Press, 1988)。

63. 關於習得無助的文獻非常多，對這一現象和後果所做的精彩總結，請見M. E. P. Seligman, *Helplessness: On Depression, Development, and Death* (San Francisco: W. H. Freeman, 1975)和C. Peterson, S. F. Maier, and M. E. P. Seligman, *Learned Helplessness: A Theory for the Age of Personal Control* (New York: Oxford University Press, 1993)。

64. 參見L. Harris, *Inside America* (New York: Random House, 1987)。亦參見上述提到的連恩的著作，第二十九頁。

65. 買筆的研究見A. M. Shah and G. Wolford, "Buying Behavior as a Parametric Variation of Number of Choices," *Psychological Science,* 2007, *18,* 369–370。選項多寡和購買行為之間呈現心理學家所謂的「倒U型」相關，購買量會隨著選項增加而上升，到達最高點後就開始下降。Adam Grant和我發表了一篇論文，指出這種「倒U型」相關在心理學研究中很常見，參閱A. Grant and B. Schwartz, "Too Much of a Good Thing: The Challenge and Opportunity of the Inverted-U," *Perspectives on Psychological Science,* 2011, *6,* 61–76。

66. 選項增加對於知道自己要的是什麼的人來說是好事，證據請見A. Chernev, "Product Assortment and Individual Decision Processes." *Journal of Personality and Social Psychology,* 2003, *85,* 151–162。

67. 心理學家Ed Diener是研究幸福感的核心人物，請參見E. Diener, “Subjective Well-Being: The Science of Happiness and a Proposal for a National Index,” *American Psychologist,* 2000, *55,* 34–43; E. Diener, M. Diener, and C. Diener, “Factors Predicting the Subjective Well-Being of Nations,” *Journal of Personality and Social Psychology,* 1995, *69,* 851–864; E. Diener and E. M. Suh (eds.), *Subjective Well-Being Across Cultures* (Cambridge, MA: MIT Press, 2001); E. Diener, E. M. Suh, R. E. Lucas, and H. L. Smith, “Subjective Well-Being: Three Decades of Progress.” *Psychological Bulletin,* 1999, *125,* 276–302; E. Diener and R. Biswas- Diener, *Happiness* (New York: Blackwell, 2008)。亦參閱S. Lyubomirsky, “Why Are Some People Happier Than Others?” *American Psychologist,* 2001, *56,* 239–249; S. Lyubomirsky, *The How of Happiness* (New York: Penguin, 2007); M. E. P. Seligman, *Flourish* (New York: Free Press, 2011).

68. E. Diener, R. A. Emmons, R. J. Larson, and S. Griffin, “The Satisfaction with Life Scale,” *Journal of Personality Assessment,* 1985, *49,* 71–75。

69. 財富和幸福之間的關係一直是熱議的話題，而學界針對衡量指標和衡量方式一直存在歧見，因此得到不同的結論。雖然本書提到財富對生活水準以下的幸福感影響很大，但對生活水準以上的幸福感影響很小，這是多年來已被接受的觀點，然而康納曼和迪頓（A. Deaton）針對數千名受訪者的數據分析顯示，儘管情感上的幸福感隨著收入增加而提升，但是在美國，當年收入達到七萬五千美元左右，這種幸福感會趨於穩定，然而對生活的正向評價會隨著收入增加而持續提升，見D. Kahneman and A. Deaton, “High Income Improves Evaluation of Life but Not Emotional Well-Being,” *Proceedings of the National Academy of Sciences,* 2010, *107,* 16489–16493。

70. 關於不同國家、不同時代的幸福感差異的豐富訊息，見R. Inglehart, *Modernization and Postmodernization: Cultural, Economic, and Political Changes in Societies* (Princeton, NJ: Princeton University Press, 1997); 連恩的《市場民主下，人們流失的幸福》和邁爾斯的《美國悖論》。

71. 參見連恩的《市場民主下，人們流失的幸福》，第九章，第一六五頁。

72. 另見普特南的著作《一個人打保齡球》(New York: Simon & Schuster, 2000)，該書探討了現代美國人的社會連結降低及相關原因。

73. 連恩之著作《市場民主下，人們流失的幸福》第五、六章回顧了緊密社會關係的重要性的證據，參見第一〇八頁。

74. 我在《生活的代價》一書中描述了時間問題，社會學家Arlie Hochschild在*The Time Bind: When Work Becomes Home and Home Becomes Work* (New York: Metropolitan, 1997)也做了精彩描述。

75. 見*A. O. Hirschman, Exit, Voice, and Loyalty* (Cambridge, MA: Harvard University Press, 1970)。

76. C. R. Sunstein and E. Ullmann-Margalit, “Second-Order Decisions,” in C. R. Sunstein (ed.), *Behavioral Law and*

Economics (New York: Cambridge University Press, 2000), pp. 187–208.
77. J. von Uexkull, "A Stroll Through the Worlds of Animals and Men," in C. H. Schiller (ed.), *Instinctive behavior* (New York: International Universities Press, 1954), pp. 3–59. 見第二十六頁。
78. K. Berridge, "Pleasure, Pain, Desire, and Dread: Hidden Core Processes of Emotion," in D. Kahneman, E. Diener, and N. Schwarz (eds.), *Well-Being: The Foundations of Hedonic Psychology* (New York: Russell Sage Foundation, 1999), pp. 525–557.

第 6 章　錯失的機會

79. M. F. Luce, J. R. Bettman, and J. W. Payne, *Emotional Decisions: Tradeoff Difficulty and Coping in Consumer Choice* (Chicago: University of Chicago Press, 2001).
80. 關於人在抉擇時如何取捨的討論，參見A. Tversky, "Elimination by Aspects: A Theory of Choice," *Psychological Review,* 1972, *79,* 281–299和J. W. Payne, J. R. Bettman, and E. J. Johnson, *The Adaptive Decision Maker* (Cambridge, England: Cambridge University Press, 1993)。
81. A. Tversky and E. Shafir, "Choice under Conflict: The Dynamics of Deferred Decision," *Psychological Science,* 1992, *3,* 358–361.
82. D. A. Redelmeier and E. Shafir, "Medical Decision Making in Situations that Offer Multiple Alternatives," *Journal of the American Medical Association,* 1995, *273,* 302–305.
83. E. Shafir, I. Simenson, and A. Tversky, "Reason-Based Choice," *Cognition,* 1993, *49,* 11–36.
84. L. Brenner, Y. Rottenstreich, and S. Sood, "Comparison, Grouping, and Preference," *Psychological Science*, 1999, *10,* 225–229.
85. B. E. Kahn and J. Baron, "An Exploratory Study of Choice Rules Favored for High-Stakes Decisions," *Journal of Consumer Psychology,* 1995, *4,* 305–328.
86. 關於負向情緒如何影響思維的討論，請見M. F. Luce, J. R. Bettman, and J. W. Payne, *Emotional Decisions: Tradeoff Difficulty and Coping in Consumer Choice* (Chicago: University of Chicago Press, 2001)。關於正向情緒對醫療決策的影響，證據請見A. M. Isen, A. S. Rosenzweig, and M. J. Young, "The Influence of Positive Affect on Clinical Problem Solving." *Medical Decision Making,* 1991, *11,* 221–227。關於正向情緒有助於決策的證據，請參見A. M. Isen, "Positive Affect and Decision Making." In M. Lewis and J. Haviland (Eds.), *Handbook of Emotion* (New York: Guilford Press, 1993, pp. 261–277)和B. E. Fredrickson, "What Good Are Positive Emotions?" *Review of General Psychology,* 1998, *2,* 300–319。

87. S. Iyengar and M. Lepper, "When Choice Is Demotivating: Can One Desire Too Much of a Good Thing?" *Journal of Personality and Social Psychology,* 2000, *79,* 995–1006.

88. 針對自責與自尊的討論，參見B. Weiner, "An Attributional Theory of Achievement Motivation and Emotion," *Psychological Review,* 1985, *92,* 548–573。

89. 果醬實驗引用自T. D. Wilson and J. S. Schooler, "Thinking Too Much: Introspection Can Reduce the Quality of Preferences and Decisions," *Journal of Personality and Social Psychology,* 1991, *60,* 181–192。海報實驗引用自T. D. Wilson, D. J. Lisle, J. S. Schooler, S. D. Hodges, K. J. Klaren, and S. J. LaFleur, "Introspecting About Reasons Can Reduce Post-Choice Satisfaction," *Personality and Social Psychology Bulletin,* 1993, *19,* 331–339。關於親密關係的實驗引用自T. D. Wilson and D. Kraft, "Why Do I Love Thee? Effects of Repeated Introspections About a Dating Relationship on Attitudes Toward the Relationship," *Personality and Social Psychology Bulletin,* 1993, *19,* 409–418，亦可見T. D. Wilson, D. S. Dunn, J. A. Bybee, D. B. Hyman, and J. A. Rotundo, "Effects of Analyzing Reasons on Attitude-Behavior Consistency," *Journal of Personality and Social Psychology*, 1984, *47,* 5–16。在另一篇研究中，作者試圖區分哪些決策歷程會因為「給出理由」而獲益，哪些會因而受損，請見J. McMackin and P. Slovic, "When Does Explicit Justification Impair Decision Making?" *Applied Cognitive Psychology,* 2000, *14,* 527–541。

90. A. Robbins and A. Wilner, *Quarterlife Crisis: The Unique Challenges of Life in Your Twenties* (New York: Jeremy P. Tarcher/Putnam, 2001).

91. 請見M. Daum, *My Misspent Youth* (New York: Grove/ Atlantic, 2001)，這句話引用自R. Marin, "Is This the Face of a Midlife Crisis?" *New York Times,* June 24, 2001, Section 9, pp. 1–2。

92. 一些有趣證據和討論表明，基本的「接受—拒絕」判斷有深刻的演化和生物學根源，見A. Damasio, *Descartes' Error: Emotion, Reason, and the Human Brain* (New York: G. P. Putnam, 1994)和R. B. Zajonc, "On the Primacy of Affect," *American Psychologist,* 1984, *39,* 117–123。

93. S. Sugarman, "Choice and Freedom: Reflections and Observations Based Upon Human Development," (unpublished manuscript, 1999).

94. D. T. Gilbert and J. E. Ebert, "Decisions and Revisions: The Affective Forecasting of Changeable Outcomes," *Journal of Personality and Social Psychology,* 2002, *82,* 503–514.

第7章　懊悔是件麻煩事

95. B. Schwartz, A. Ward, J. Monterosso, S. Lyubomirsky, K. White, and D. R. Lehman, "Maximizing Versus Satisficing: Happiness Is a Matter of Choice," *Journal of Personality and Social Psychology,* 2002, *83,* 1178–1197.

96. D. Kahneman and A. Tversky, "The Simulation Heuristic," in D. Kahneman, P. Slovic, and A. Tversky (eds.), *Judgment Under Uncertainty: Heuristics and Biases* (New York: Cambridge University Press, 1982).

97. T. Gilovich and V. H. Medvec, "The Experience of Regret: What, When, and Why," *Psychological Review,* 1995, *102,* 379–395.

98. *Marcel Zeelenberg* M. Zeelenberg, K. van den Bos, E. van Dijk, and R. Pieters, "The Inaction Effect in the Psychology of Regret," *Journal of Personality and Social Psychology,* 2002, *82,* 314–327.

99. D. Kahneman and A. Tversky, "The Simulation Heuristic," in D. Kahneman, P. Slovic, and A. Tversky (eds.), *Judgment Under Uncertainty: Heuristics and Biases* (New York: Cambridge University Press, 1982).

100. V. H. Medvec, S. F. Madley, and T. Gilovich, "When Less Is More: Counterfactual Thinking and Satisfaction Among Olympic Athletes," *Journal of Personality and Social Psychology,* 1995, *69,* 603–610.

101. T. Gilovich and V. H. Medvec, "The Temporal Pattern to the Experience of Regret," *Journal of Personality and Social Psychology,* 1994, *67,* 357–365和M. Zeelenberg, W. W. van Dijk, and A. S. R. Manstead, "Reconsidering the Relation Between Regret and Responsibility," *Organizational Behavior and Human Decision Processes,* 1998, *74,* 254–272。

102. 見N. J. Roese, "Counterfactual Thinking," *Psychological Bulletin,* 1997, *21,* 133–148。

103. 後悔和憂鬱之相關的證據，請見L. Lecci, M. A. Okun, and P. Karoly, "Life Regrets and Current Goals as Predictors of Psychological Adjustment," *Journal of Personality and Social Psychology,* 1994, *66,* 731–741。

104. N. J. Roese, "Counterfactual Thinking," *Psychological Bulletin,* 1997, *21,* 133–148，關於反事實思維的心理層面影響，Roese也許是世界首屈一指的專家，參見N. J. Roese and A. Summerville, "What We Regret Most . . . And Why," *Personality and Social Psychology Bulletin,* 2005, *31,* 1273–1285和K. Epstein and N. J. Roese, "The Functional Theory of Counterfactual Thinking." *Personality and Social Psychology Review,* 2008, *12,* 168–192。

105. M. Zeelenberg and J. Beattie, "Consequences of Regret Aversion 2: Additional Evidence for Effects of Feedback on Decision Making," *Organizational Behavior and Human Decision Processes,* 1997, *72,* 63–78。其他研究亦得到同樣結果，參見M. Zeelenberg, J. Beattie, J. van der Pligt, and N. K. de Vries, "Consequences of Regret Aversion: Effects of Feedback on Risky Decision Making," *Organizational Behavior and Human Decision Processes,* 1996, *65,* 148–158; I. Ritov, "Probability of Regret: Anticipation of Uncertainty Resolution in Choice," *Organizational Behavior and Human Decision Processes,* 1996, *66,* 228–236和 R. P. Larrick and T. L. Boles, "Avoiding Regret in Decisions with Feedback: A Negotiation Example," *Organizational Behavior and Human Decision Processes,* 1995, *63,* 87–97。

106. O. E. Tykocinski and T .S. Pittman, "The Consequences of Doing Nothing: Inaction Inertia as Avoidance of Anticipated

Counterfactual Regret, *Journal of Personality and Social Psychology,* 1998, *75,* 607–616.

107. H. R. Arkes and C. Blumer, "The Psychology of Sunk Cost," *Organizational Behavior and Human Decision Processes,* 1985, *35,* 124–140.

108. 關於球員，參見B. M. Staw and H. Hoang, "Sunk Costs in the NBA: Why Draft Order Affects Playing Time and Survival in Professional Basketball," *Administrative Science Quarterly,* 1995, *40,* 474–493。關於商業擴張，參見A. M. McCarthy, F. D. Schoorman, and A. C. Cooper, "Reinvestment Decisions by Entrepreneurs: Rational Decision-Making or Escalation of Commitment?" *Decision Sciences,* 1993, *8,* 9–24。

109. 參見B. M. Staw, "Knee Deep in the Big Muddy: A Study of Escalating Commitment to a Chosen Course of Action," *Organizational Behavior and Human Performance,* 1976, *16,* 27–44。

110. J. Landman, *Regret: The Persistence of the Possible* (New York: Oxford University Press, 1993, p. 184.)。更詳細的討論請見I. Janis and L. Mann, *Decision Making: A Psychological Analysis of Conflict, Choice, and Commitment* (New York: Free Press, 1977), pp. 219– 242和 D. Bell, "Regret in Decision Making Under Uncertainty," *Operations Research,* 1982, *30,* 961–981。

111. 這裡關於後悔的益處，多引用自J. Landman, *Regret: The Persistence of the Possible* (New York: Oxford University Press, 1993)。

第 8 章　適應效應：由奢入儉難

112. 關於一九七三年汽車空調的數據引用自邁爾斯的著作《美國悖論》。

113. 關於這兩種適應以及一般適應現象，參見S. Frederick and G. Loewenstein, "Hedonic Adaptation," in D. Kahneman, E. Diener, and N. Schwarz (eds.), *Well-Being: The Foundations of Hedonic Psychology* (New York: Russell Sage, 1999), pp. 302–329。另參考兩篇關於適應的經典理論：H. Helson, *Adaptation-Level Theory: An Experimental and Systematic Approach to Behavior* (New York: Harper and Row, 1964)和A. Parducci, *Happiness, Pleasure, and Judgment: The Contextual Theory and Its Applications* (Hove, England: Erlbaum, 1995)。

114. P. Brickman, D. Coates, and R. Janoff-Bulman, "Lottery Winners and Accident Victims: Is Happiness Relative?" *Journal of Personality and Social Psychology,* 1978, *36,* 917–927.

115. 見T. Scitovsky, *The Joyless Economy* (New York: Oxford University Press, 1976)。關於快樂如何變成舒適，參見R. Solomon, "The Opponent Process Theory of Motivation," *American Psychologist,* 1980, *35,* 691–712。

116. 關於適應和耐用品，見A. O. Hirschman, *Shifting Involvements* (Princeton, NJ: Princeton University Press, 1982)。

117. P. Brickman and D. Campbell, "Hedonic Relativism and Planning the Good Society," in M. H. Appley (ed.), *Adaptation*

Level Theory: A Symposium (New York: Academic Press, 1971), pp. 287–302.

118. D. Kahneman, "Objective Happiness," in D. Kahneman, E. Diener, and N. Schwarz (eds.), *Well-Being: The Foundations of Hedonic Psychology* (New York: Russell Sage, 1999), pp. 3–25.

119. 關於人對於未來感受總是預測失準的研究回顧，參見G. Loewenstein and D. Schkade, "Wouldn't It Be Nice? Predicting Future Feelings," in D. Kahneman, E. Diener, and N. Schwarz (eds.), *Well-Being: The Foundations of Hedonic Psychology* (New York: Russell Sage, 1999), pp. 85–105。

120. D. Schkade and D. Kahneman, "Does Living in California Make People Happy? A Focusing Illusion in Judgments of Life Satisfaction," *Psychological Science,* 1998, *9,* 340–346.

121. G. Loewenstein and S. Frederick, "Predicting Reactions to Environmental Change," in M. Bazerman, D. Messick, A. Tenbrunsel, and K. Wade-Benzoni (eds.), *Environment, Ethics, and Behavior* (San Francisco: New Lexington Press, 1997), pp. 52–72。心理學家吉爾伯特和魏爾森將人未能預測適應現象稱為「情感預測」上的失敗，他們針對這一現象進行了許多引人注目的研究。意識到我們做的每項決定都是一種預測——預測該決定的結果有多令人滿意，這一點非常重要，如果我們不能預測到適應現象，就會一直錯誤地預測自己的滿意度。參見《哈佛最受歡迎的幸福練習課》（一起來出版）。

122. D. T. Gilbert, E. C. Pinel, T. D. Wilson, S. J. Blumberg, and T. P. Whatley, "Immune Neglect: A Source of Durability Bias in Affective Forecasting," *Journal of Personality and Social Psychology,* 1998, *75,* 617–638.

123. 關於老年人的研究，參見R. A. Pearlman and R. F. Uhlmann, "Quality of Life in Chronic Diseases: Perceptions of Elderly Patients," *Journal of Gerontology,* 1988, *43,* M25–30。關於預測未來感受之重要性的討論，見J. March, "Bounded Rationality, Ambiguity, and the Engineering of Choice," *Bell Journal of Economics,* 1978, *9,* 587–608。

124. 心理學家Robert Emmons是近代研究「感激」的專家，參見M. E. McCullough, S. D. Kilpatrick, R. A. Emmons, and D. B. Larson, "Is Gratitude a Moral Affect?" *Psychological Bulletin,* 2001, *127,* 249–266; R. A. Emmons and C. A. Crumpler, "Gratitude as a Human Strength: Appraising the Evidence," *Journal of Social and Clinical Psychology,* 2000, *19,* 56–69和R. A. Emmons and M. E. McCullough, "Counting Blessings Versus Burdens: An Experimental Investigation of Gratitude and Subjective Well-Being," *Journal of Personality and Social Psychology,* 2003, *84,* 377–389。

第9章　人比人，煩死人

125. 參見連恩著作《市場民主下，人們流失的幸福》一書中，關於「評價的相對性」之討論。

126. A. Michalos, "Job Satisfaction, Marital Satisfaction, and the Quality of Life," in F. M. Andrews (ed.), *Research on the Quality of Life* (Ann Arbor, MI: Institute for Social Research, 1986), p. 75.

127. 關於框架效應的經典論文請見D. Kahneman and A. Tversky, “Choices, Values, and Frames,” *American Psychologist,* 1984, *39,* 341–350。更多案例請見D. Kahneman and Tversky (eds.), *Choices, Values, and Frames* (New York: Cambridge University Press, 2000)。

128. 針對青少年做的民意調查參見T. Lewin, “It’s a Hard Life (or Not),” *New York Times,* November 11, 1999, p. A32。關於「害怕失敗」參見B. Ehrenreich, *Fear of Falling* (New York: HarperCollins, 1990)。

129. 心理學家Suniya Luthar花了數年研究美國青少年的「富裕病理學」，並發現中上階層青少年出現物質濫用和心理障礙（憂鬱、焦慮和飲食失調）的風險不亞於下層社會的青少年。Luthar將問題根源歸結於父母、老師和孩子自己的高期望，他們認為孩子在各個生活領域都應該很完美，請參見她近期的研究回顧：S. Luthar, S. H. Barkin, and E. J. Crossman, “ ‘I Can, Therefore I Must’: Fragility in the Upper-Middle Class,” *Development and Psychopathology,* 2013, *25,* 1529–1549。

130. R. Porter, *The Greatest Benefit to Mankind: A Medical History of Humanity* (New York: W. W. Norton, 1998).

131. 參見兩篇關於社會比較的實用摘要：B. Buunk and F. Gibbons (eds.), *Health, Coping, and Well-Being: Perspectives from Social Comparison Theory* (Mahwah, NJ: Erlbaum, 1997)和 J. M. Suls and T. A. Willis (eds.), *Social Comparison: Contemporary Theory and Research* (Mahwah, NJ: Erlbaum, 1991)。亦參閱L. G. Aspinwall and S. E. Taylor, “Effects of Social Comparison Direction, Threat, and Self-Esteem on Affect, Self-Evaluation, and Expected Success,” *Journal of Personality and Social Psychology,* 1993, *64,* 708–722; F. X. Gibbons and M. Gerrard, “Effects of Upward and Downward Social Comparison on Mood States,” *Journal of Social and Clinical Psychology,* 1993, *8,* 14–31; S. Lyubomirsky, K. L. Tucker, and F. Kasri, “Responses to Hedonically-Conflicting Social Comparisons: Comparing Happy and Unhappy People,” *European Journal of Social Psychology,* 2001, *31,* 1–25; and S. E. Taylor, “Adjustment to Threatening Events,” *American Psychologist,* 1983, *38,* 1161–1173。

132. B. P. Buunk, R. L. Collins, G. A. Dakof, S. E. Taylor, and N. W. Van Yperen, “The Affective Consequences of Social Comparison: Either Direction Has Its Ups and Downs,” *Journal of Personality and Social Psychology,* 1992, *59,* 1238–1249.

133. 參閱R. Frank, *Choosing the Right Pond* (New York: Oxford University Press, 1985)以及其較近期的著作*Luxury Fever* (New York: Free Press, 1999)，Frank在書中提到，現代美國人之所以崇尚奢侈品，主要是由社會比較所驅動。

134. S. J. Solnick and D. Hemenway, “Is More Always Better? A Survey on Positional Concerns,” *Journal of Economic Behavior and Organization,* 1998, *37,* 373–383.

135. 關於現代電信服務和廣告如何改變大多數人的比較群體，參見M. L. Richins, “Social Comparison, Advertising, and

Consumer Discontent," *American Behavioral Scientist,* 1995, *38,* 593–607和S. J. Hoch and G. F. Loewenstein, "Time-Inconsistent Preferences and Consumer Self-Control," *Journal of Consumer Research,* 1991, *17,* 492–507。

136. F. Hirsch, *Social Limits to Growth* (Cambridge, MA: Harvard University Press, 1976).

137. 關於競逐地位對青少年的影響，參閱上述Luthar、Barkin和Crossman的研究。關於解決知名大學入學時的競逐地位問題，參見B. Schwartz, "Top Colleges Should Select Randomly from a Pool of 'Good Enough,'" *Chronicle of Higher Education,* February 25, 2005, B20–B25。

138. 足球場的比喻引用自T. C. Schelling, *Micromotives and Macrobehavior* (New York: W. W. Norton, 1978)。

139. 參閱連恩《市場民主下，人們流失的幸福》，第十七章關於社會比較對社會福利之影響。

140. 主觀快樂量表請參見S. Lyubomirsky and H. S. Lepper, "A Measure of Subjective Happiness: Preliminary Reliability and Construct Validation," *Social Indicators Research,* 1999, *46,* 137–155。社會比較研究參見S. Lyubomirsky and L. Ross, "Hedonic Consequences of Social Comparison: A Contrast of Happy and Unhappy People," *Journal of Personality and Social Psychology,* 1997, *73,* 1141–1157; S. Lyubomirsky and L. Ross, "Changes in Attractiveness of Elected, Rejected, and Precluded Alternatives: A Comparison of Happy and Unhappy Individuals," *Journal of Personality and Social Psychology,* 1999, *76,* 988–1007和 S. Lyubomirsky, K. L. Tucker, and F. Kasri, "Responses to Hedonically-Conflicting Social Comparisons: Comparing Happy and Unhappy People," *European Journal of Social Psychology,* 2001, *31,* 1–25。

141. 關於最大化者和知足者的研究，詳見B. Schwartz, A. Ward, J. Monterosso, S. Lyubomirsky, K. White, and D. R. Lehman, "Maximizing versus Satisficing: When Happiness Is a Matter of Choice," *Journal of Personality and Social Psychology,* 2002, *83,* 1178–1197。

第10章　是誰的錯?選擇、失望、憂鬱

142. 參見連恩的《市場民主下，人們流失的幸福》和邁爾斯的《美國悖論》。

143. 見M. E. P. Seligman, *Learned Helplessness: On Depression, Development, and Death* (San Francisco: W. H. Freeman, 1975)以　及*Learned Optimism: The Skill to Conquer Life's Obstacles, Large and Small* ((New York: Random House, 1991)。亦參見D. L. Rosenhan and M. E. P. Seligman, *Abnormal Psychology* (New York: W. W. Norton, 1995)。

144. 關於憂鬱後果的統計數據，參見連恩《市場民主下，人們流失的幸福》第三二九頁。

145. 參見J. B. Overmier and M. E. P. Seligman, "Effects of Inescapable Shock upon Subsequent Escape and Avoidance Behavior, *Journal of Comparative and Physiological Psychology,* 1967, *63,* 23–33; M. E. P. Seligman and S. F. Maier, "Failure to Escape Traumatic Shock," *Journal of Experimental Psychology,* 1967, *74,* 1–9和S. F. Maier and M. E. P. Seligman, "Learned Helplessness: Theory and Evidence," *Journal of Experimental Psychology: General,* 1976, *105,* 3–46。

146. J. S. Watson, “Memory and ‘Contingency Analysis’ in Infant Learning,” *Merrill-Palmer Quarterly,* 1967, *12,* 139– 152; J. S. Watson, “Cognitive-Perceptual Development in Infancy: Setting for the Seventies,” *Merrill-Palmer Quarterly,* 1971, *17,* 139–152.

147. E. Langer and J. Rodin, “The Effects of Choice and Enhanced Personal Responsibility for the Aged: A Field Experiment in an Institutional Setting,” *Journal of Personality and Social Psychology,* 1976, *34,* 191–198; and J. Rodin and E. Langer, “Long-Term Effects of a Control-Relevant Intervention with the Institutionalized Aged,” *Journal of Personality and Social Psychology,* 1977, *35,* 897–902.

148. 連恩詳細論述了在西方哲學史和民主理論史上對於個人主控權或自決權的重視。參見《市場民主下，人們流失的幸福》第十三章〈民主自決的痛苦〉（The Pain of Self-Determination in Democracy），從書名和章名就可以清楚看出，連恩論點的主旨是：對自決的過度渴望會帶來痛苦。

149. L. Y. Abramson, M. E. P. Seligman, and J. Teas- dale, “Learned Helplessness in Humans: Critique and Reformulation,” *Journal of Abnormal Psychology,* 1978, *87,* 32–48.

150. 歸因風格在「無助引發憂鬱」這一過程中的影響，詳見C. Peterson and M. E. P. Seligman, “Causal Explanations as a Risk Factor for Depression: Theory and Evidence,” *Psychological Review,* 1984, *91,* 347–374。其他探討習得無助引發憂鬱的重要理論，請見A. T. Beck, *Depression: Clinical, Experimental, and Theoretical Aspects* (New York: Hoeber, 1967); A. T. Beck, *The Diagnosis and Management of Depression* (Philadelphia, University of Pennsylvania Press, 1971) 和 A. T. Beck, *Cognitive Therapy and Emotional Disorders* (New York: International Universities Press, 1976)。

151. 研究表明，至少在某些情況下，為壞事承擔責任對心理層面有益，參見R. Janoff-Bulman and C. Wortman, “Attributions of Blame and Coping in the ‘Real World’: Severe Accident Victims React to Their Lot,” *Journal of Personality and Social Psychology,* 1977, *35,* 351–363; H. Tennen and G. Affleck, “Blaming Others for Threatening Events,” *Psychological Bulletin,* 1990, *107,* 209–232。

152. 關於美國憂鬱症等情緒障礙發病率的最新統計數據，參閱美國國家心理衛生研究院（National Institute of Mental Health）提供的資料：http://www.nimh.nih.gov/health/statistics/index.shtml。

153. 關於憂鬱和自殺的統計數據，參見D. L. Rosenhan and M. E. P. Seligman, *Abnormal Psychology* (New York: W. W. Norton, 1995); R. E. Lane, *The Loss of Happiness in Market Democracies* (New Haven, CT: Yale University Press, 2000); American Psychiatric Association, *Diagnostic and Statistical Manual of Mental Disorders*, 4th ed. (Washington, DC: American Psychiatric Association, 1994); J. Angst, “The Epidemiology of Depressive Disorders,” *Euro pean Neuropsychopharmacology,* 1995, *5,* 95–98; G. L. Klerman, P. W. Lavori, J. Rice, T. Reich, J. Endicott, N. C. Andreasen,

M. Keller, and R. M. A. Hirschfeld, "Birth Cohort Trends in Rates of Major Depressive Disorder: A Study of Relatives of Patients with Affective Disorder," *Archives of General Psychiatry,* 1985, *42,* 689–693; and G. L. Klerman and M. M. Weissman, "Increasing Rates of Depression," *Journal of the American Medical Association,* 1989, *261,* 2229–2235; and UNICEF, *The Progress of Nations* (New York: United Nations, 1993)。

154. 期望對成敗評估的重要性，參見B. A. Mellars, A. Schwartz, K. Ho, and I. Ritov, "Decision Affect Theory: Emotional Reactions to the Outcomes of Risky Actions," *Psychological Science*, 1997, *8,* 423–429; B. Mellars and A. P. McGraw, "Anticipated Emotions as Guides to Choice," *Current Directions in Psychological Science,* 2001, *10,* 210–214和J. A. Shepperd and J. K. McNulty, "The Affective Consequences of Expected and Unexpected Outcomes," *Psychological Science,* 2002, *13,* 85–88。

155. 參見普特南的《一個人打保齡球》(New York: Simon and Schuster, 2000)。關於阿米什人在憂鬱症等精神疾病的發病率數據，參見J. A. Egeland and A. M. Hostetter, "Amish Study, I: Affective Disorders Among the Amish, 1976–1980," *American Journal of Psychiatry,* 1983, *140,* 56–61。

156. 參見M. E. P. Seligman, *What You Can Change and What You Can't* (New York: Knopf, 1993)。關於文化，理想體重和憂鬱的關聯，參見D. L. Rosenhan and M. E. P. Seligman, *Abnormal Psychology* (New York: W. W. Norton, 1995)。

157. 參見B. Schwartz, A. Ward, J. Monterosso, S. Lyubomirsky, K. White, and D. R. Lehman, "Maximizing versus Satisficing: Happiness Is a Matter of Choice," *Journal of Personality and Social Psychology,* 2002, *83,* 1178–1197和J. A. Gillham, A. Ward, and B. Schwartz, "Maximizing and Depressed Mood in College Students and Young Adolescents,"（未發表的資料）。

158. 參見R. Eckersley and K. Dear, "Cultural Correlates of Youth Suicide," *Social Science and Medicine,* 2002, *55,* 1891–1904; and R. Eckersley, "Culture, Health, and Well-Being," in R. Eckersley, J. Dixon, and B. Douglas (eds.), *The Social Origins of Health and Well-Being* (Cambridge, England: Cambridge University Press, 2002), pp. 51–70。Eckersley研究自殺決定因素的方法可視為社會學家Emile Durkheim經典思想的現代發展，參見E. Durkheim, *Suicide: A Study in Sociology* (London: Routledge and Kegan Paul, 1970; originally published in 1897)。

159. 參見連恩《市場民主下，人們流失的幸福》，第一三一頁。

國家圖書館出版品預行編目（CIP）資料

選擇的弔詭：選錯，沒你想的糟！利用期望與後悔情緒，開展最佳人生版本 / 貝瑞・史瓦茲 (Barry Schwartz) 著 ; 郭曉燕 譯 . -- 初版 . -- 新北市 : 一起來出版 , 遠足文化事業股份有限公司 , 2023.12
288 面；14.8×21×1.7 公分 . --（一起來思；44）
譯自：The paradox of choice: why more is less, rev. ed.
ISBN 978-626-7212-30-1（平裝）

1. CST: 行為心理學　2. CST: 消費心理學

176.8　　112014265

一起來　0ZTK0044

選擇的弔詭

選錯，沒你想的糟！利用期望與後悔情緒，開展最佳人生版本

The Paradox of Choice: Why More Is Less, revised edition

作　　者　貝瑞・史瓦茲 Barry Schwartz
譯　　者　郭曉燕
主　　編　林子揚
責任編輯　林杰蓉

總 編 輯　陳旭華 steve@bookrep.com.tw
出版單位　一起來出版／遠足文化事業股份有限公司
發　　行　遠足文化事業股份有限公司（讀書共和國出版集團）
　　　　　231 新北市新店區民權路 108-2 號 9 樓
　　　　　(02) 22181417
法律顧問　華洋法律事務所　蘇文生律師

封面設計　Bert.design
內頁排版　新鑫電腦排版工作室
印　　製　通南彩色印刷有限公司
初版一刷　2023 年 12 月
定　　價　420 元
I S B N　9786267212301（平裝）
　　　　　9786267212400 (EPUB)
　　　　　9786267212417（PDF）